マンガでわかる FXの新常識 ループ・イフダンでらくらく稼ぐ

山中康司 監修
七瀬 玲・ネコピカ・kukaku 編著

はじめに

多くの一般投資家は他の金融商品にはない魅力をＦＸに感じ、成功を信じて、さまざまな手法や先人の知恵を求めて、ネット上の情報や雑誌、書籍をつぶさにチェックしているのではないでしょうか？

そして偶然にもこの本を手にしたあなたは、すでに成功への一歩を歩み始めたと言ってもいいでしょう。

自分で売買判断をしてその都度新規注文、決済注文をするトレードを「裁量トレード」と呼びますが、今でも多くのトレーダーはこの方法でトレードをしています。しかし、この方法で利益を上げているトレーダーの割合は10％にも満たないとさえ言われています。

そこでより効率よく利益を出す方法として、「自動売買」と呼ばれるトレード方法が登場しました。たとえばトレンド系テクニカルのゴールデンクロスやデッドクロスなどのサインに従って、システムに売買させるという方法です。しかし、この自動売買にも限界がありました。どんなテクニカルをどう使うのかは意外に難しく、またトレンドの変化に柔軟に対応できないなどの理由です。

そして満を持して登場したのが、本書で紹介する「ループ・イフダン」という売買システムです。このシステムには「イフダン」という皆さんにも馴染みのある言葉が使われていますが、まるでイフダン注文が自動的に繰り返されるようなシステムです。その仕組みについては本書で詳しく解説していきますが、このループ・イフダンは「今までの自動売買とはどう違うのか」「似たような自動売買のシステムとはどう違うのか」、そして一番気になるのが、「このシステムを使ってどのくらい儲かるのか」ではないでしょうか？

通常のＦＸトレードでは、トレンドが出ているときが儲けるチャンスでしたが、このループ・イフダンのトレードは相場の７割を占めるというレンジ相場でこそ、力を発揮するというもの。そのため、資金を増やすチャンスがこれまで以上にあり、なおかつある程度ほったらかしにしていても利益が出せるのです。つまり、これまでのＦＸトレードとはまったく観点が違う手法と言えます。

本書では「ループ・イフダン」の基礎から、使い方を理解していただき、実際に利益を出している３人のトレーダーに具体的な手法を語ってもらい、上手な運用方法を身につけていただける内容になっています。そして最後にプロのディーラーとして有名な山中康司さんに、このループ・イフダンの実力を客観的に述べていただきます。読者のみなさんと同じ目線で、このループ・イフダンのメリットだけでなくデメリットも遠慮なく語ってもらいます。

これからＦＸを始められる方も、これまでなかなか利益が出せなかった方にとっても、この本が新たなＦＸ運用の輝かしい一歩となり、喜びを共にできることを祈っております。

２０１５年６月

序章

ループ・イフダン　マンガ3分間講座

第1章

ループ・イフダン　基礎講座

第2章 ループ・イフダン使いこなし術

第3章 ループ・イフダン実践集 —1— 七瀬 玲編

第4章

ループ・イフダン実践集 ―2― ネコピカ編

第5章 ループ・イフダン 実践集 ―3― kukaku編

第6章 山中康司のループ・イフダン攻略術

コラム

特別収録

特別収録（口座開設方法とツールの使い方）

※本書は投資情報の提供を目的としたものです。
FXには投資リスクが存在しますので、投資に関する最終的な判断および決定は、投資家ご自身の判断でお願いします。
※アイネット証券の詳細につきましては、特別付録に記載のアイネット証券のホームページにてご確認ください。

序章

ループ・イフダン マンガ3分間講座

いつまでもFXで損ばかりしてられない！

普通のFX取引で利益を出すのはそうカンタンではない。

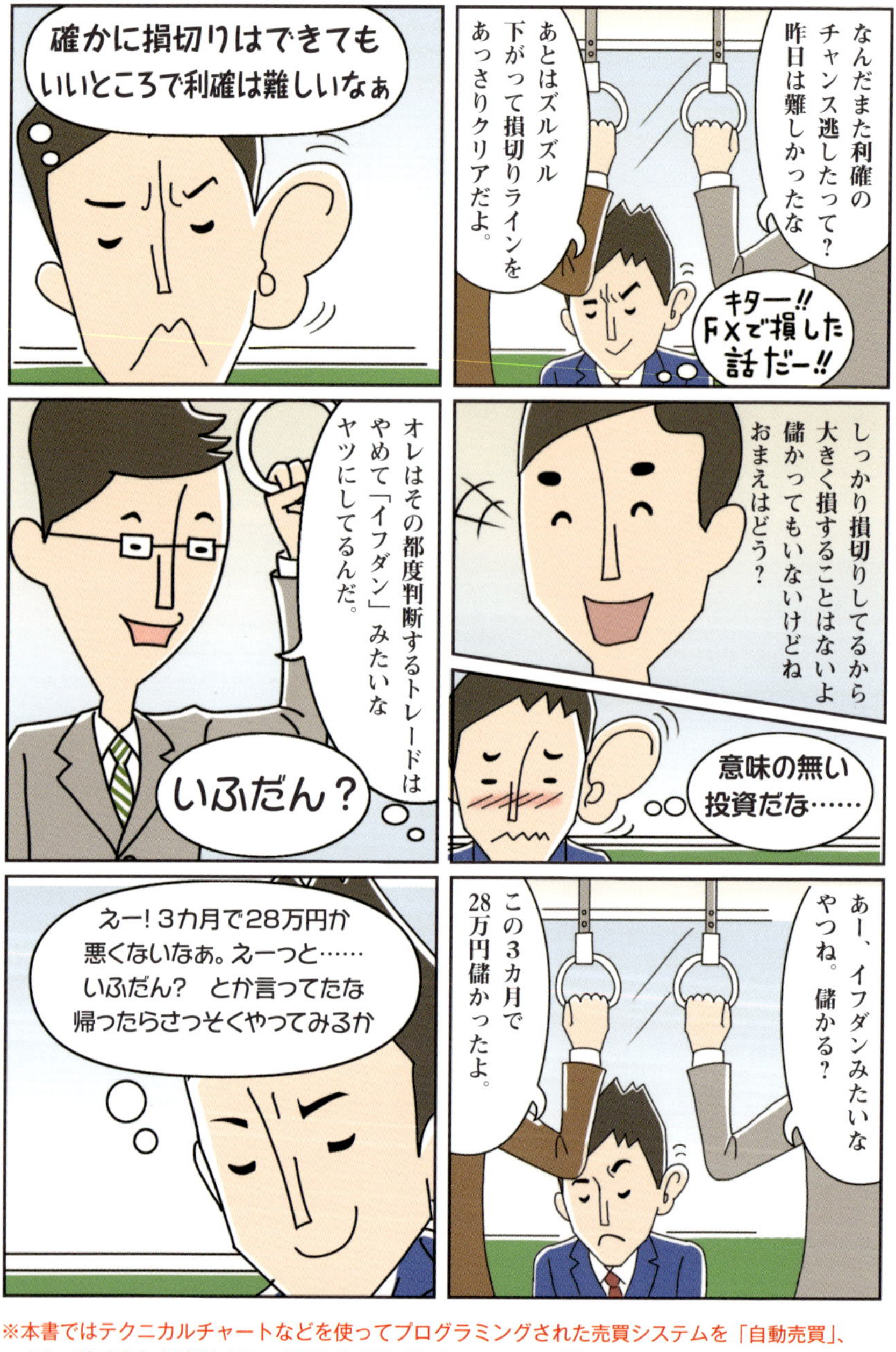

※本書ではテクニカルチャートなどを使ってプログラミングされた売買システムを「自動売買」、また、決められた値幅ごとに売買注文を繰り返すシステムを「自動発注」とします。

欲望に邪魔されて疲れ果てるぐらいなら自動売買が◎

実際にFXを始めると、利益をきちんと確定していくのが、損切り以上に難しいことを実感するはずです。値動きに一喜一憂して肉体的にも精神的にも疲れ果て、結局、〝損切り貧乏〟で終わるようではFXをやる意味がありません。

利益確定の判断を鈍《にぶ》らせる自分自身の欲望や恐怖心、未練、執着……と戦っても、なかなか勝てないもの。

そんな心の葛藤とは無縁の「イフダン」という注文方法があります。希望の値段に到達したら注文し、また希望した値段に達したら自動的に約定するというものです。これならば一定の効果が期待できそうですが、実際にはどうでしょうか？

トレーダー自身の判断によるトレード例

利食いのタイミングを逃し、
トレンドが変わってしまった場合でも、
いつかは戻ると祈るような気持ちで待つ。

↓

予想が外れても、
未練や執着から、客観的に適切な判断を
することが難しい。

↓

イフダン注文なら一定の効果も期待できる？

便利なイフダン注文に限界はあるのか？

とても便利なイフダン注文。しかしこの注文方法にも弱点はあった。

24時間不眠不休でFX市場のチャンスをゲット

通常取引でイフダン注文を出す場合、過去の値動きをチャートで確認し、「○円○銭で買い、△円△銭で利益確定」と為替レートをいちいち入力しなければいけません。

そんな骨の折れる作業を自分自身の力で続けても、悲しいかな、寝ている間や仕事中は取引チャンスをみすみす見送るしかありません。寝る間を惜《お》しんで取引を続けたうえに、結局、大損してしまったら、肉体的・精神的ダメージは計りしれません。

「FX市場にはチャンスがいくらでもある。でも、トレード時間は限られている。なにかいい方法はないのか?」。誰もが考える、そんなニーズに見事応えた自動発注システム――それが「ループ・イフダン」なのです。

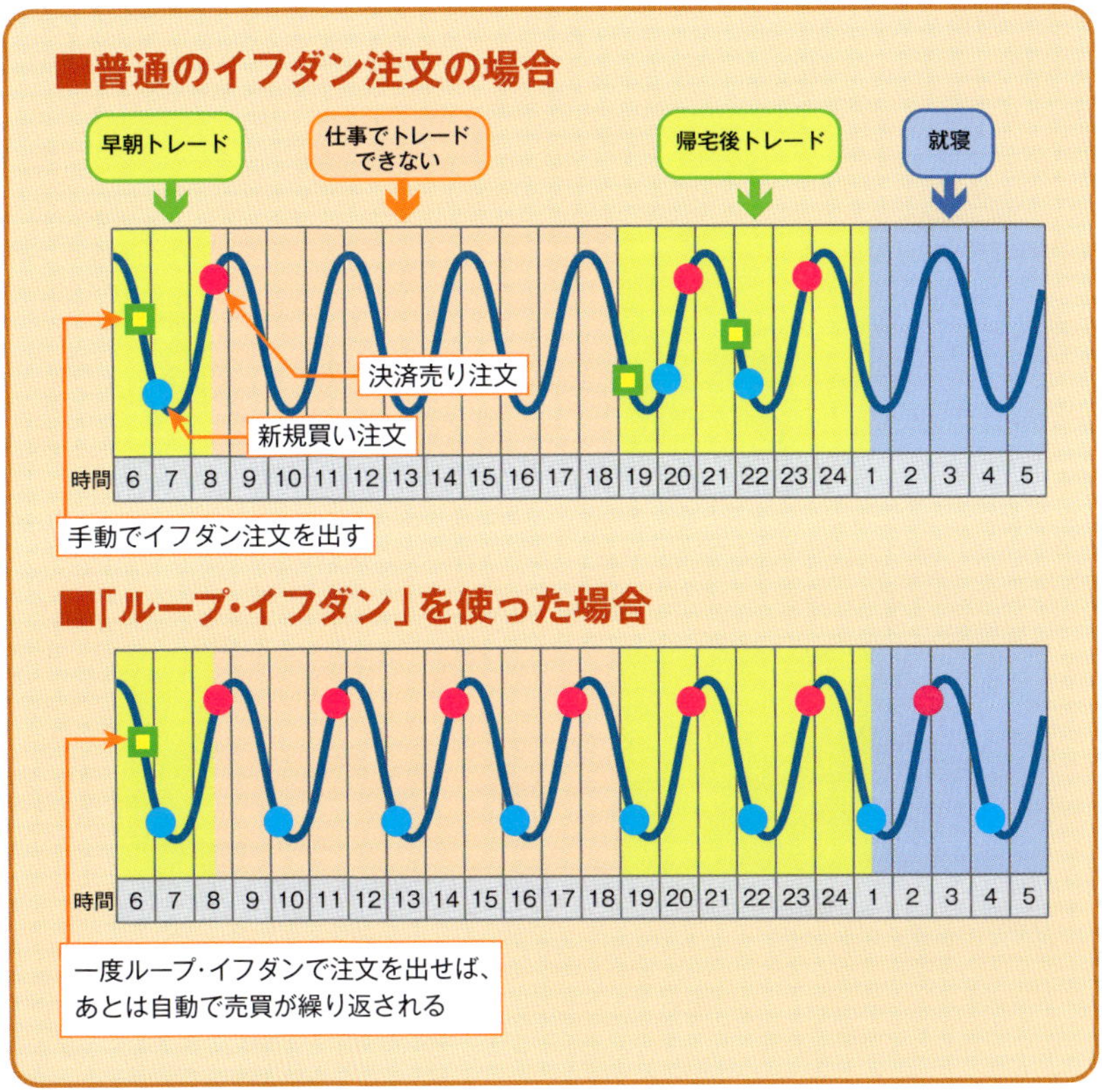

何度も利食ってガンガン稼ぐ！

あの、誰もが知ってる「イフダン注文」を自動で繰り返せたら……

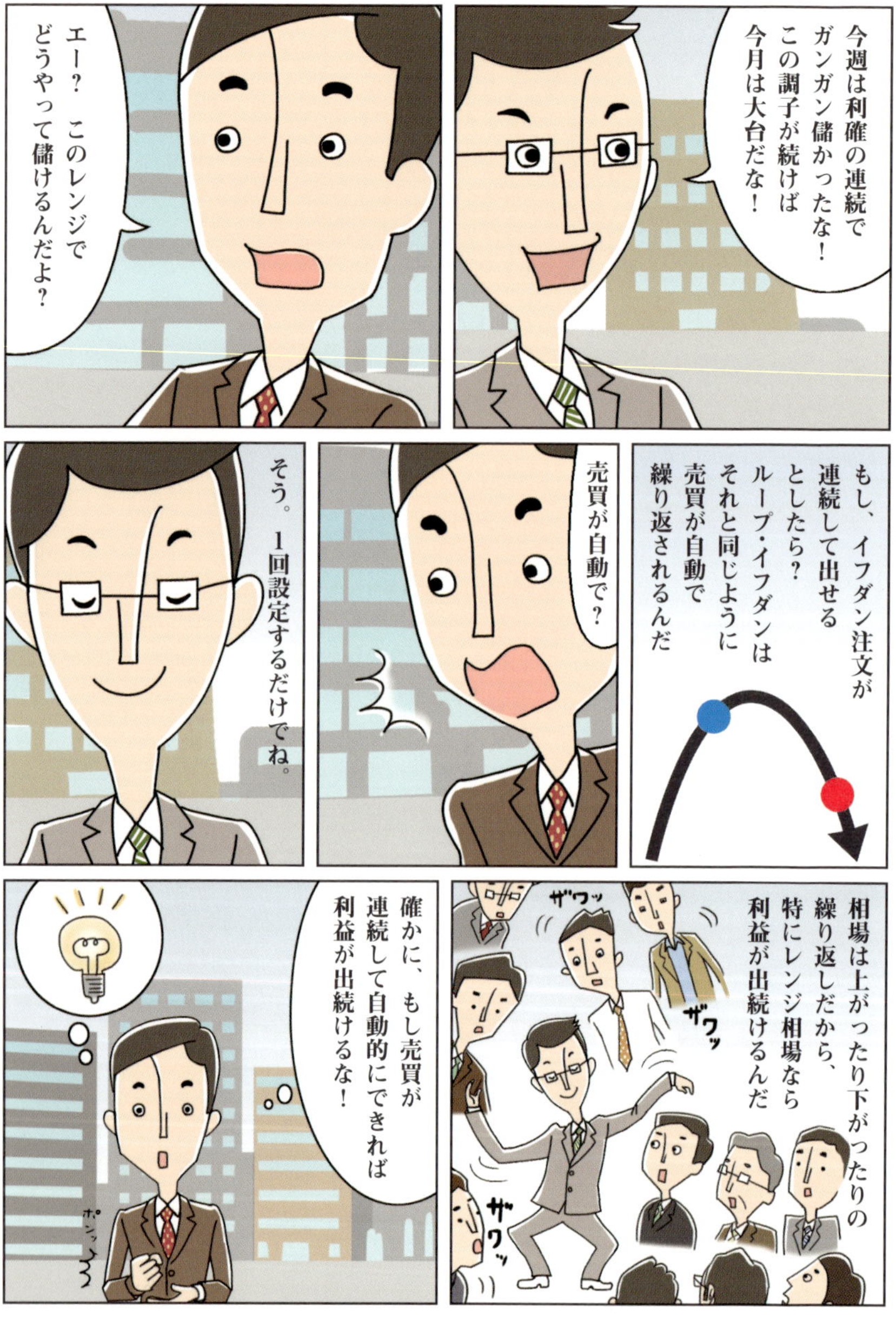

一寸先は闇の為替相場でも値動きさえあれば儲かる！

新規注文と利益確定の決済注文をセットで出せる「イフダン注文」ですが、同じレートで何度も注文を繰り返したい場合、その都度レート設定する必要があります。続けて出したい場合でも、前の注文が完了するまでは注文できないのが難点です。

その点、「ループ・イフダン」は一度設定すればあとは自動的に売買を繰り返します。為替レートそのものではなく、値幅が取引の条件なので、その値幅分の値動きが起これば何度も何度も同じ注文を繰り返してくれます。為替相場を完全に見通すのは不可能ですが、機械的に自動発注する「ループ・イフダン」なら、細かい値動きからでも、連続して利益を上げることができるのです。

「ループ・イフダン」は一定の値幅で、買いと売りを自動的に繰り返す

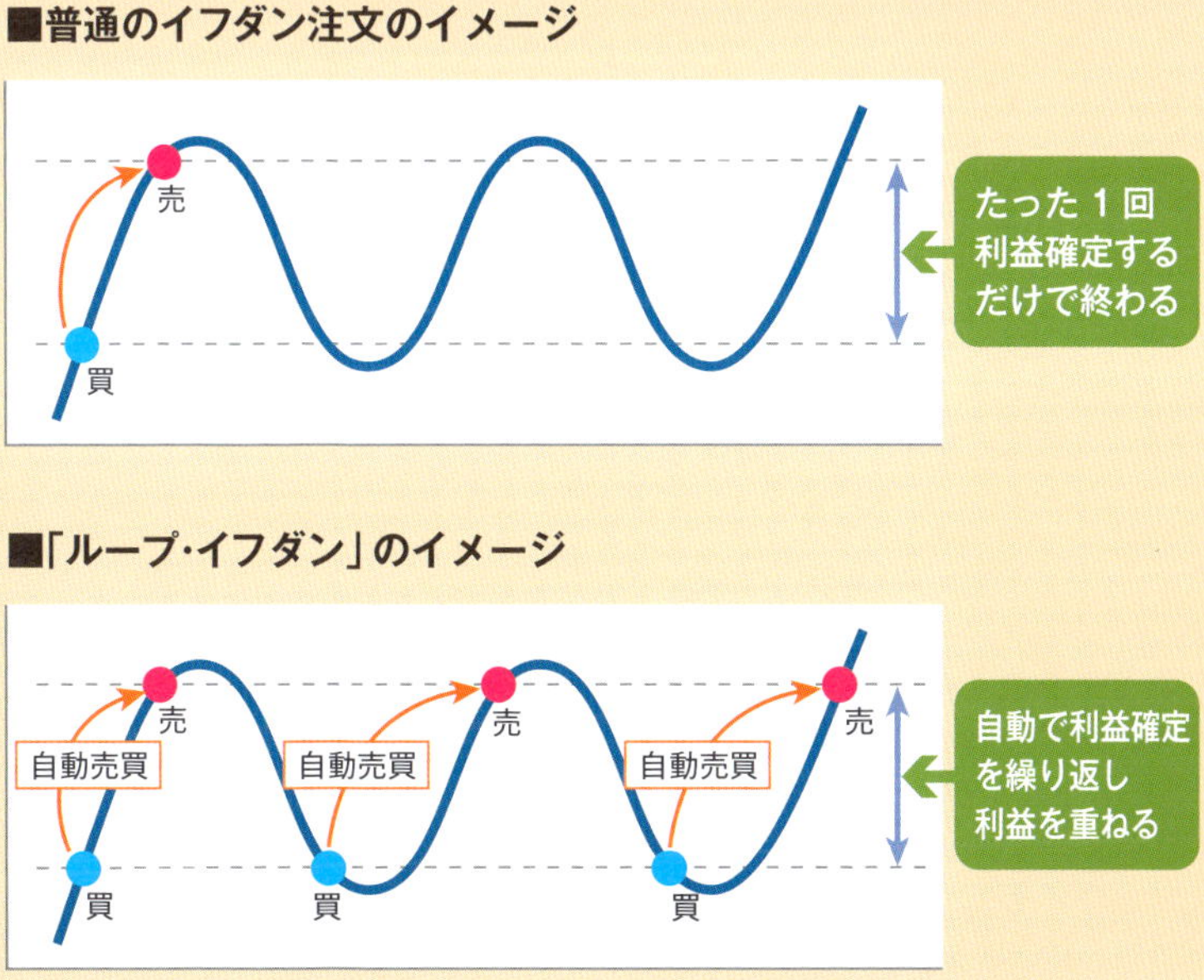

ループ・イフダンでゆったりFXトレード

チャレンジしない、無理しない、時間をかけない。そんなFXがあった!

第

1

章

ループ・イフダン基礎講座

ループ・イフダン基礎講座

ループ・イフダンが投資家から熱望されたワケ

自分の代わりに稼いでくれる自動発注システムがあったら……。
そんな個人投資家の要望からループ・イフダンが誕生！

24時間、世界中のどこかで取引が行なわれている外国為替市場。値動きを予想して売買を繰り返せば、利益を上げるチャンス満載です。

しかし、人間は24時間ずっと取引を続けることはできません。チャンス到来と思っても就寝時間が迫っていたり、大きなポジションを抱えた結果、仕事中に注意散漫になってしまうケースも多発。裁量トレードは肉体的・精神的なストレスが大きく、「取引に疲れ果てたうえに結局、損してしまった」という最悪の結果に陥りがちです。

不眠不休で働く自動売買には根強いニーズがある

そんな状況もあってか、FX投資家の間では近年、「忙しい自分に代わって取引を行なってくれる自動売買」が大ブームに。海外生まれの高機能なソフトが注目を集めました。

しかし、こうした従来型の自動売買システムは仕組みが複雑で難解。使いこなせるのは高度な技術と経験を持った一部のセミプロ投資家だけ、というのが現状でした。

投資家からすれば「もっと簡単なルールで、新規注文と決済注文を連続して行なってくれるだけで十分……」というのが偽らざる本音です。

確かに通常の裁量トレードにおいても、新規注文から決済注文までをセットで行なってくれる「イフダン注文」を複数出せば〝手動〟で半自動売買を繰り返すことが可能です。

通常取引では不可能な連続発注でチャンス拡大

しかし、たくさんの注文を「買値はいくら」「利益確定はいくら」と、事細かく条件設定して注文入力する

※本書ではテクニカルチャートなどを使ってプログラミングされた売買システムを「自動売買」、また、決められた値幅ごとに売買注文を繰り返すシステムを「自動発注」とします。

自動発注システムに対する投資家のニーズ

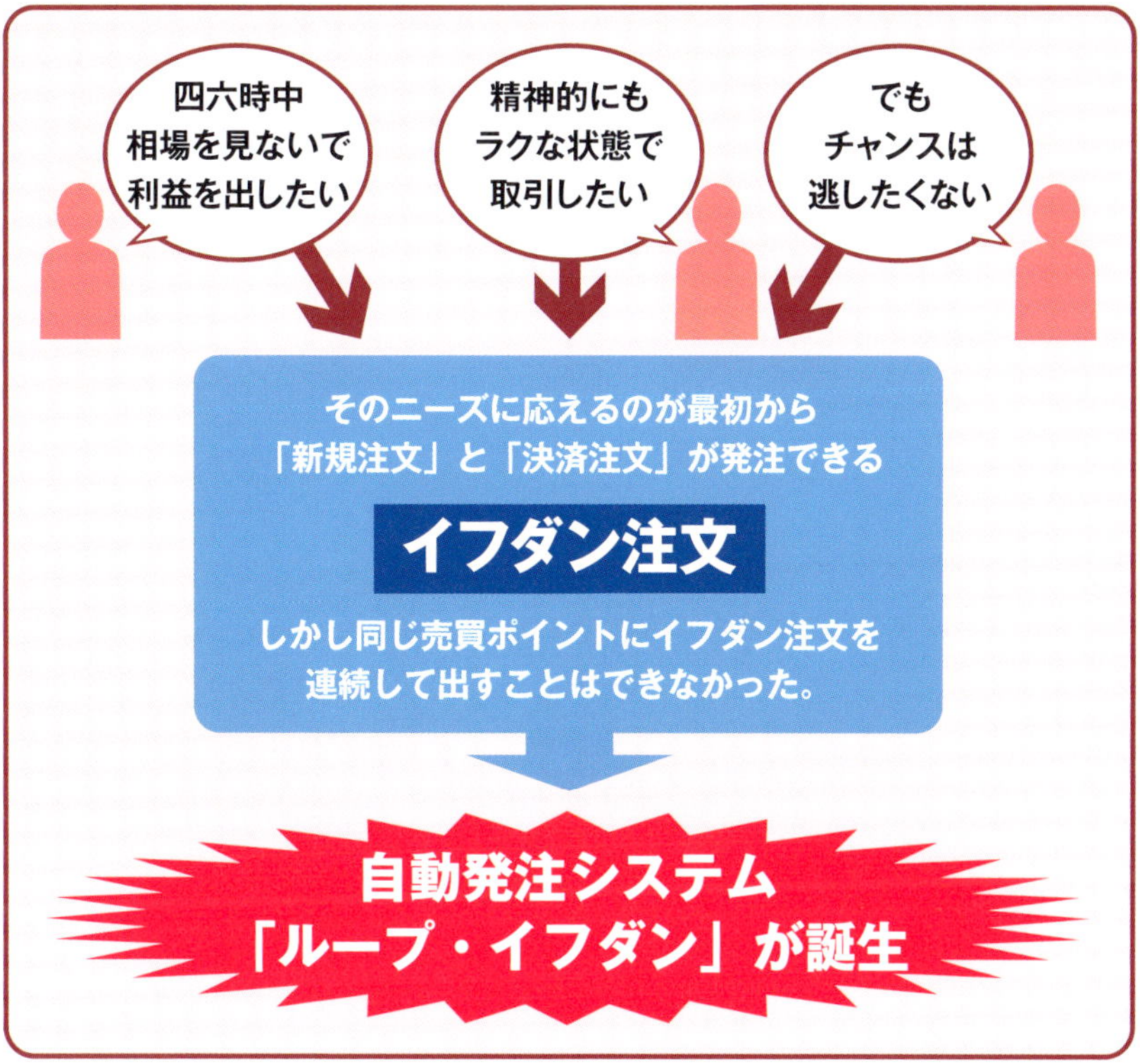
四六時中
相場を見ないで
利益を出したい
精神的にも
ラクな状態で
取引したい
でも
チャンスは
逃したくない
そのニーズに応えるのが最初から
「新規注文」と「決済注文」が発注できる
イフダン注文
しかし同じ売買ポイントにイフダン注文を
連続して出すことはできなかった。
自動発注システム
「ループ・イフダン」が誕生

のはとても骨の折れる作業。また、通常のイフダン注文では、同じレートでの注文は1回分しか出せません。為替レートがある一定の値幅を行ったり来たりする「レンジ相場」では、「安値で買い、高値で売り」を繰り返せば、どんどん利益が上がります。しかし、通常取引では、同じ注文を連続して繰り返そうとすると時間も手間もかかり、肉体的にも精神的にも長くは続けられません。

「手間ヒマかけず、自動で連続発注できたら、もっと儲かるのに……」

そんな根強いニーズに応えて誕生したのが、アイネット証券の「ループ・イフダン」。個人投資家が求めてやまなかった「自動発注」に特化したシステムなのです。

では、「ループ・イフダン」はどんな仕組みで自動発注を繰り返すのでしょうか？

通常、FXの取引は「いくらまで下がったら買う／上がったら売る」という「指値注文」か、「いくらでもいいから買う／売る」という「成行注文」を使います。しかし、これらの注文は新規注文を単独で行なうだけ。その後、決済注文を出すために為替レートの動向にたえず注意を払う必要があります。

イフダンなら取引の入口と出口を同時に発注できる

そんな、わずらわしい手間を省けるのが、「ループ・イフダン」の基本となる「イフダン注文」です。英語で「If done（もし取引が成立したら）」と書きます。

このイフダンという注文を使うと、「買い」や「売り」など新規注文（入口）をまず発注。その注文が約定したら、次に決済注文（出口）が自動発注されるので、取引を始めるチャンスや利益を確定するタイミングを逃す心配がありません。

「新規注文→利益確定」を何度でも自動で繰り返す

たとえば、「1ドル118円でドル／円を買い、120円になったら決済」というイフダンを出せば、1ドル118円で自動的に新規買いの取引を行なってくれるだけでなく、その後、1ドル120円まで上昇すれば自動で決済売りしてくれます。

「ループ・イフダン」はこのイフダンを連続して発注し、取引を自動化できる投資家待望のトレードシステムなのです。

「値幅」を条件に連続発注できるからチャンス拡大

注目したいのは、その発注条件。従来のイフダン注文では「1ドル118円になったら買い、120円まで上がったら利益確定」というように、具体的な為替レートを入力して注文する必要がありました。しかし、これだと膨大な数の為替レートをいちいち事前入力しておかないと自動的に連続発注できません。

それに対して、ループ・イフダン

イフダン注文の仕組みとは？

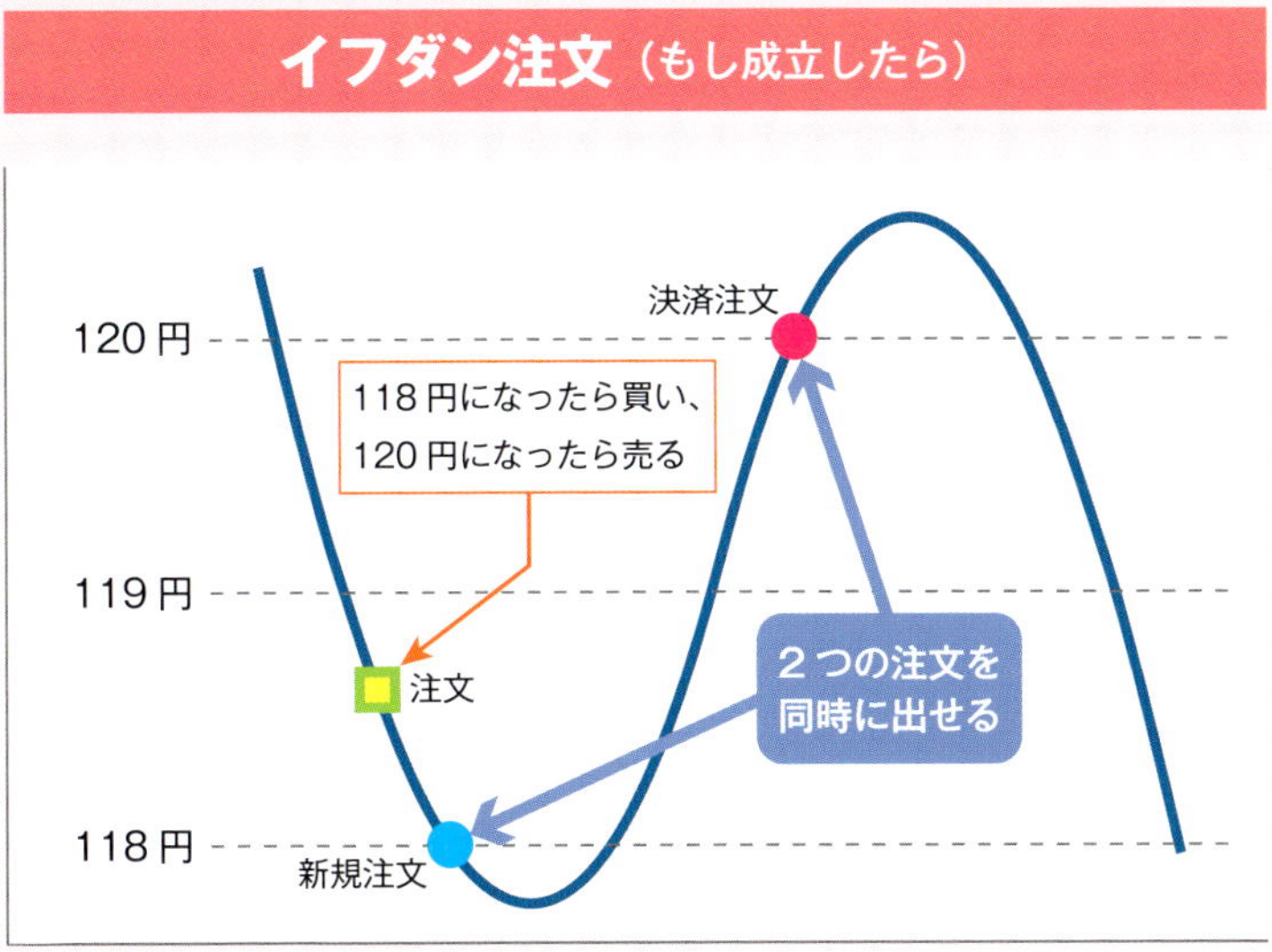

POINT イフダン注文は一度取引したら、再設定が必要

が新規注文や決済注文を行なう条件にしているのは「値幅」です。「何銭値動きしたら売買」という値幅を最初に1つ決めるだけで、あとはその値幅分の値動きがあるたびに次々と連続発注する仕組みなのです。

発注条件が「値幅」にあることで、どの為替レート帯にあっても値動きさえあれば自動発注。これこそ「ループ・イフダン」が柔軟に為替相場に対応し、収益チャンスを逃さない大きな要因になっているのです。

「何の手間ヒマもかけていないのに、お金自身がお金を稼いでくれる」というのがある意味、FX投資の理想。「ループ・イフダン」は、その希望をかなえてくれた画期的な自動発注システムなのです。

ループ・イフダン基礎講座

ループ・イフダンは自動発注型！

ループ・イフダンは自動発注型のシステム売買。相場状況や資金量に応じて多彩な投資戦略を立てられるのが魅力です。

ＦＸの自動売買には、大きく分けて、2つのタイプがあります。

1つは「ストラテジー型」と呼ばれるもので、「移動平均線がゴールデンクロスしたら……」というように、相場動向を読み取るテクニカル指標が「売買シグナル」を発したときに取引開始するものです。

採用したストラテジーが相場状況にピッタリ適合していると大きな利益を得られますが、上昇に強いストラテジーは下落相場で成績が悪くなるなど、そのパフォーマンスは相場次第。状況が変化すると、たちまち古びて使い物にならなくなります。

難しい経験、知識は不要。機械的売買で手間いらず

その点、同じ自動売買といっても、ループ・イフダンは自動発注型。「為替レートが○銭上下に動いたら」という非常にシンプルな「値動き」だけが発注条件になっているため、難しい戦略や経験は必要なく、手間も時間もかかりません。

為替レートは24時間、たえず値動きしています。ということは、必ず「値幅」が生まれているということ。その値幅を売買条件にしているループ・イフダンなら、設定値幅分の値動きが起こるたびに自動的に売りと買いを繰り返してくれます。そこには特殊な才能も技術も無用です。

特定のストラテジーに依存することもないため、どんな相場状況でも儲かる可能性が高いのが、自動発注型システム売買の長所なのです。

「急がば回れ」「チリツモ」の中長期投資向き

また、自分自身でその都度売買判断をする裁量トレードでは、「ここ

値動きが収益チャンスに直結するループ・イフダン

ループ・イフダンのメリット

自動発注を繰り返してチャンスを逃さない
機械的な新規注文 & 利益確定で迷いなし
24 時間疲れ知らずで働く「チリツモ効果」

小刻みな値動きに網をかけるイメージ

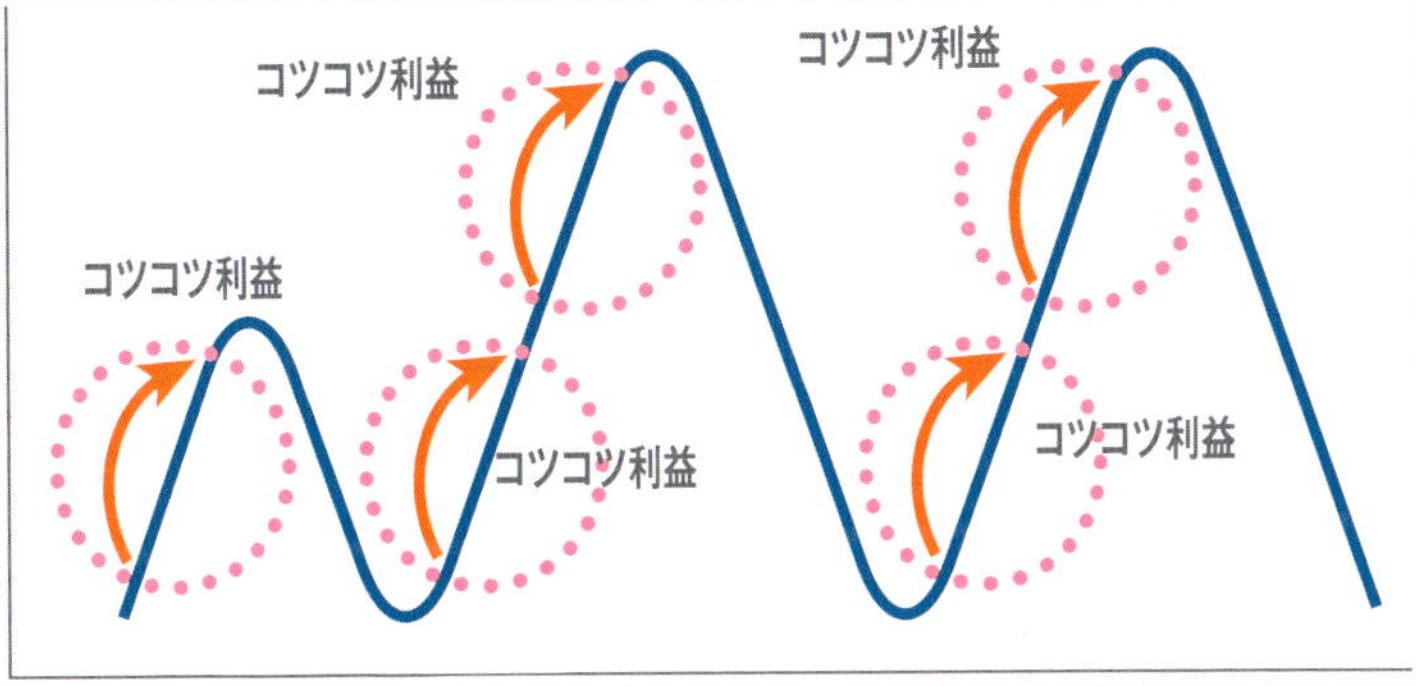

で取引すべきかどうか」、取引のタイミングに悩むうちにチャンスが終わってしまうケースもあります。さらに難しいのは利益確定。「もっと儲けたい」と思って利益確定を遅らせたら相場が逆方向に動いたり、焦って利益確定してしまったあと、「もっと儲かっていたのに」と悔しい思いをするのが日常茶飯事です。

ループ・イフダンなら、そんな労力や気苦労とも無縁。確かに短期間に大きく儲けたい人には不向きですが、その発想は、「急がば回れ」「チリも積もれば山となる」。短期ではなく、中長期にわたって運用を続けることで、できるだけ多くのトレード機会を活かし、結果的に大きな利益を狙うのです！

ループ・イフダン基礎講座

連続発注機能でチャンスを逃さない

設定値幅ごとに取引を機械的に繰り返してくれるので、利益の取りこぼしも、欲望や感情に振り回される心配もない。

裁量取引やストラテジー型自動売買では、値動きに方向性がなく、上か下かトレンドが発生していないと、買いか売りかの売買判断は難しい。しかし、ループ・イフダンなら「上下15銭」「上下50銭」というように一定の値動きさえあれば、次々に連続して取引を行なってくれます。横ばいのレンジ相場も実は得意中の得意なのです。

また初心者の方は「どこで取引を始めていいか」、どうしても怖くて躊躇《ちゅうちょ》してしまうもの。しかし、ループ・イフダンなら機械的に取引を始めて、終了してくれるので、取引や決済で生まれる感情や欲望など心理的葛藤《かっとう》とも無縁でいられます。

一定の値幅を動いている間はどんどん利益が上がる

たとえば、「B15－15」タイプで、投資対象がドル／円の場合、為替レートが1ドル119円85銭から120円の間を行ったり来たりしているときは、119円85銭で新規買い。15銭上昇した120円で利益確定の決済売りを連続発注。「約15銭×取引数量」の利益が自動的に積み上がっていきます。

もし、為替レートが上昇した場合はどうでしょうか？　上昇の場合119円85銭で新たに入った注文は120円に到達すると利益確定され、同時に120円で買い注文が入ります。このように15銭上昇するたびに「決済注文」＋「新規注文」をセットで繰り返すのです。

最初、予想がハズれても反転すればチャンス拡大

反対に為替レートが予想に反して、下落してしまった場合はどうで

横ばい、上昇、下落。各局面のループ・イフダンの動き

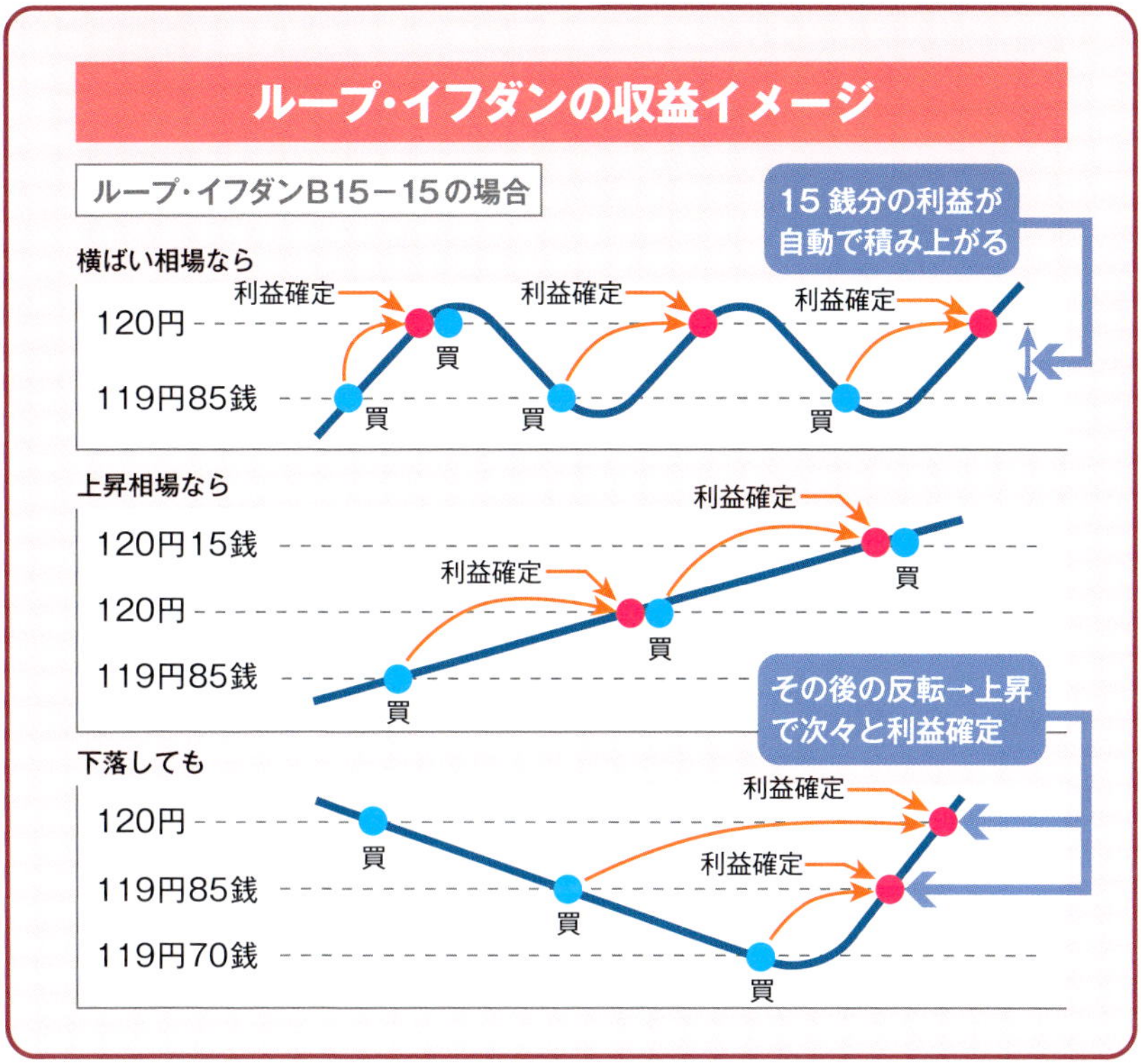

しょうか？

たとえば、119円85銭で買ったあと、さらにドル／円が119円70銭まで下落した場合、「B15−15」タイプでは、15銭分、さらに下落した119円55銭でも新規買い注文を発注します。しかし、永遠に下落が続くことはありません。やがて、為替レートが底打ちして120円まで上昇すれば、下落過程で約定したポジションを次々と利益確定。予想に反して多少、為替相場が下落しても、そこから反発上昇すれば、結局損益はプラスに。

あくせく新規注文と決済注文を繰り返し、為替レートの値動き全体から利益を得ていく〝働き者〟、それがループ・イフダンの正体なのです。

ループ・イフダン基礎講座

値動きを一網打尽。ループ・イフダンの強み

未来をピンポイントで当てるのではなく、為替相場に特有の〝ジグザグの値動き〟を利益に変えるので投資効率が向上!

為替レートは上昇、下降、横ばいのいずれであれ、たえずジグザグと細かい上下動を繰り返して値動きします。裁量取引の場合、為替レートが狙った地点に到達しないと儲からないため、この〝ジグザグタイム〟は儲けの種になりません。いわば点と点を結んだ直線で考えるのが裁量トレードなのです。

対するループ・イフダンなら、この細かい上下動を〝面〟でとらえて、一網打尽に小さな利益をたくさん積み上げていくことが可能です。

たとえば、115円から120円の間を上下動する相場の場合、115円で買って120円で売れば5円分の利益を得ることができますが、それを事前予想するのは容易ではありません。

ジグザグの値動きこそが大きな儲けのチャンス

しかし、ループ・イフダンは、この〝ジグザクの値動き〟が一番の大好物。「115円から1円値動きするたびに買い(＝B100−100)」というシステムを運用開始すると、116円で買い→117円で利益確定、117円で買い→118円で利益確定……と上昇が続く間は利益を積み上げてくれます。

相場が下落している間は、1円下がるごとに新規買いを発注。この間の損益状況は含み損が拡大しますが、ぐっと我慢。再び上昇に転じると、それまでの買いポジションが次々と決済され、大きく利益が増加する仕組みなのです。左の図の場合、点と点だけを狙う裁量取引では1万通貨で最高でも5万円分しか利益にできませんが、ループ・イフダンなら総利益は10万円になります。

ループ・イフダンの自動発注の仕組み

裁量トレードが点と点の間の利益なら、ループ・イフダンは〝面〟で利益を出せる

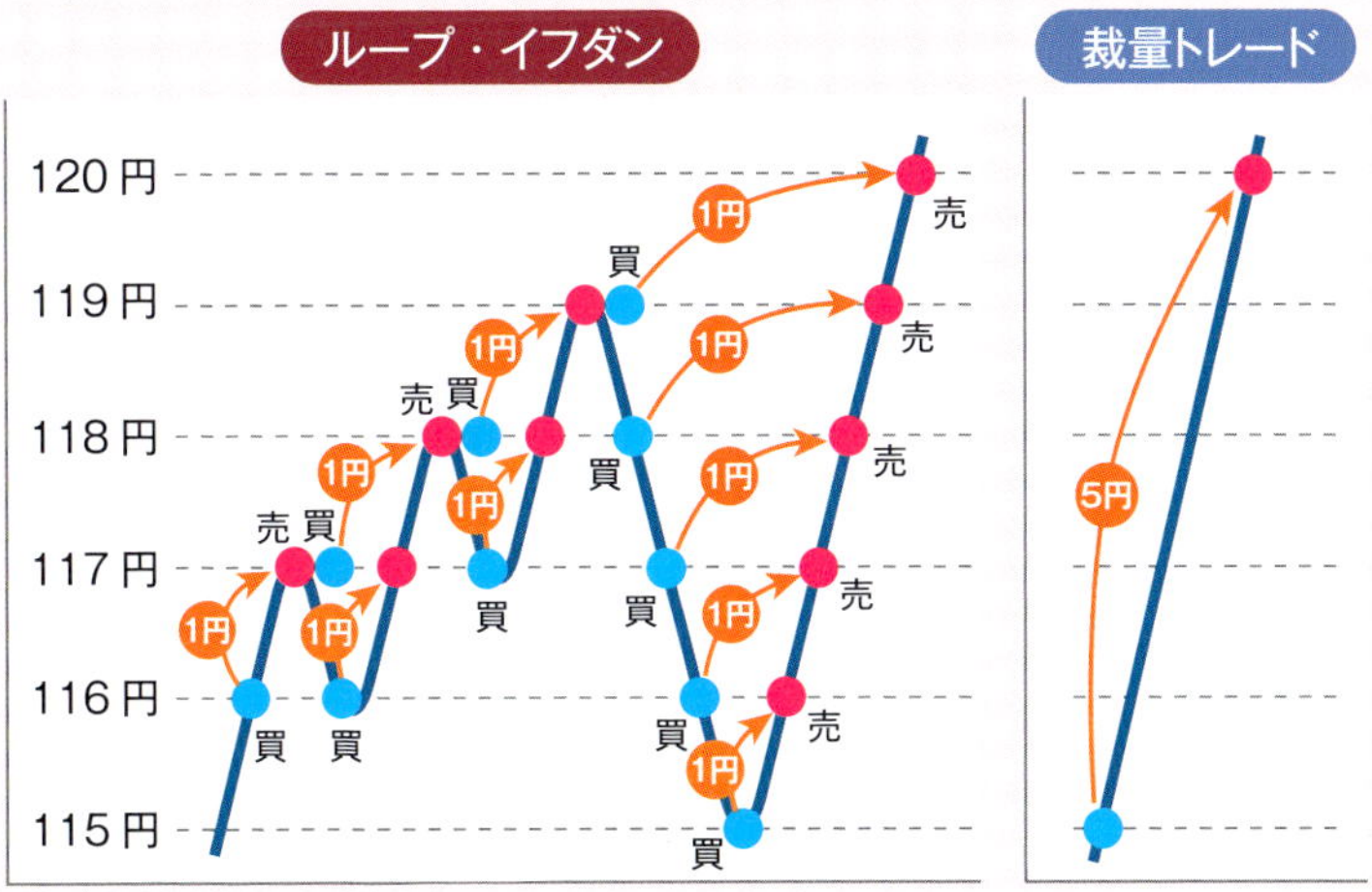

1万通貨単位の場合、ループ・イフダンの総利益は10万円
裁量トレードは最大でも5万円→ **収益力に大きな差！**
ループ・イフダン▶1円×10回（決済回数）×10000（通貨）＝10万円

値動きを一網打尽にすることで収益チャンス拡大

必ずしも相場が右肩上がりである必要がない点も魅力です。狭い範囲で動く横ばい相場の場合、「119円で買って120円で売り」といったループ・イフダンなら1万円分の利益が積み上がっていきます。

- 値動きに沿った自動売買なので、トレードタイミングを自分で見極める必要がない。
- 取引回数を重ねることで、裁量トレードを上回る利益が上がる。
- 一定の値動きがあれば、レートが上昇し続けなくても利益が出る。

これこそ、ループ・イフダンの大きな強みなのです。

カンタン設定でラクラクスタート

現在急増中の自動発注型って設定とか難しくないの？

運用開始するには最適に設定されたシステムを選ぶだけ

自動発注システムの中には設定が難しく、高度なチャート分析や値幅予測が必要なものもあります。しかし、FX投資は難しく考えれば儲かるものではありません。逆にシンプルなルールに従って行動することが好成績につながる場合もあるのです。

ループ・イフダンは、まさにそんなシステムです。取引する通貨ペア、買いか売りか以外に設定するのは「各通貨ペア毎に最適に設定された値幅」の選択と最大ポジション数だけ。為替レートがどのレンジで動くかなどを予想する必要がないことが大きな違いです。3つのルールを決めて運用をスタートさせたら、あとは運用状況や相場動向をチェックするだけのシンプルトレード。

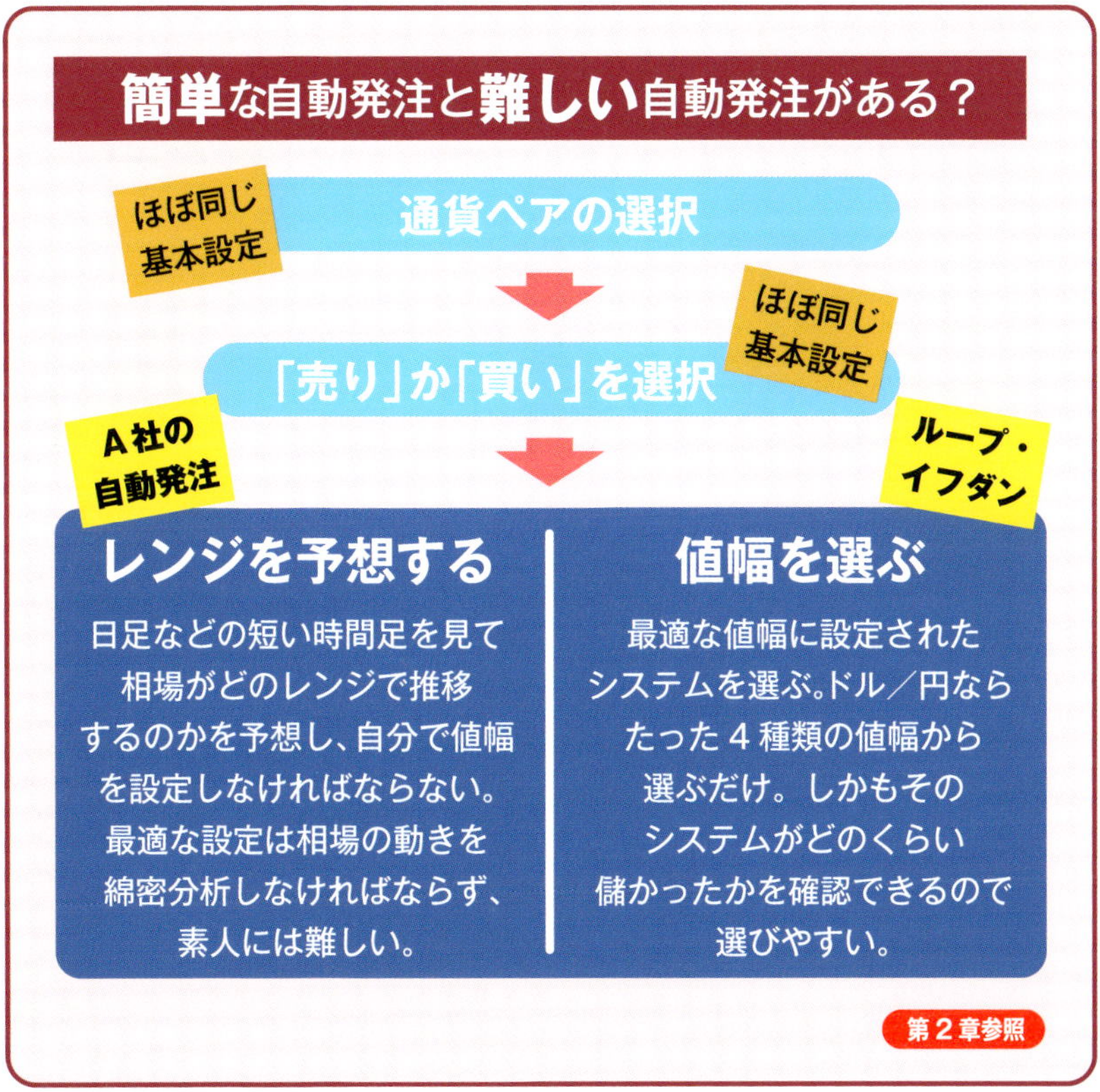
簡単な自動発注と難しい自動発注がある？
ほぼ同じ基本設定
通貨ペアの選択
ほぼ同じ基本設定
「売り」か「買い」を選択
A社の自動発注
ループ・イフダン
レンジを予想する
日足などの短い時間足を見て相場がどのレンジで推移するのかを予想し、自分で値幅を設定しなければならない。最適な設定は相場の動きを綿密分析しなければならず、素人には難しい。
値幅を選ぶ
最適な値幅に設定されたシステムを選ぶ。ドル／円ならたった４種類の値幅から選ぶだけ。しかもそのシステムがどのくらい儲かったかを確認できるので選びやすい。
第２章参照

ループ・イフダン基礎講座

「買いか売りか」と「注文値幅」を選択する

ループ・イフダンは買いか売りか、注文値幅は何銭かの2つが収益にも大きく影響。「値動き=値幅」で注文を発注する利点とは？

為替レートの値動きをとらえてイフダン注文を繰り返してくれる「ループ・イフダン」。システムの肝《きも》になっているのは、「値動きをとらえる」という部分です。

そもそも為替レートは上昇、下降、横ばいと3つの方向性で動きます。しかし、「今後、どの方向に動くのか」を正確に予想するのは至難のワザ。その難しさが裁量トレードで失敗する原因になっています。

とはいえ、よく考えてみれば、どんな相場にも「上がったり下がったり」という「値動き」があることだけは確かです。ループ・イフダンはこの「値動き」を活かして取引を行なう点に大きな特徴があるのです。

相場には必ずある値動きを利益に変えていく

ループ・イフダンの売買システムは図のように「買い（Buy＝B）」か「売り（Sell＝S）」かという売買区分、「15－15」という注文値幅の数字の2つで構成されています。

「Bタイプ」のループ・イフダンは、まず「新規の買い注文」を出し、その注文が約定すると、今度は「利益確定の決済売り注文」を発注。相場が上昇すると利益が出ます。

逆に、「Sタイプ」は「新規の売り注文」を行なったあと、「利益確定の決済買い注文」を発注。相場が下落すると利益が出る仕組みです。

では、「15－15」や「100－100」といった「注文値幅」にはいったいどんな意味があるのでしょうか？

FX用語ではこの「値幅」の単位を「pips（ピップス）」と呼びます。ドル／円の場合、1円の100分の1の1銭が1pipsに。

ループ・イフダンには「買い」と「売り」がある

ループ・イフダンは……

買い（B） か **売り（S）** か、
「何銭値動きしたら注文するか」
の2つを決めるだけ

ループ・イフダンの表記

例 ループ・イフダン B 100 — 100

売買区分
B=BUY（買）
S=SELL（売）

注文値幅
100=100銭（1円）

この場合は、
① **100銭**上下どちらかに動いたら**買い**注文
② ①で約定したポジションが**100銭**上昇したら**決済（売り）**注文

「100」なら1円、「15」なら15銭で取引→決済

たとえば、「B100−100」タイプは、スタート時点からレートが上下に100pips（＝1円）動いたら自動的に買い注文を発注。その後、100pips上昇したら、利益確定の決済売りを行ないます。「15−15」の場合は15銭値動きしたら新規注文を行ない、その後、15銭予想した方向に動いたら利益確定。「100−100」より値動きの幅が狭いので、より多くの取引が行なわれることになります。

ループ・イフダンではまず「B（買い）かS（売り）か」「設定値幅は？」の2つを決めることから始めます。

その自動発注ってコストはどのくらい？

最近注目の自動発注だが、手数料やスプレッドは同じなの？

大量の取引を行なう自動発注は低コストが必要不可欠！

時間も労力もかけず、機械的に新規注文と決済を繰り返してくれる自動発注。いつの間にか、ほったらかしで利益が積み上がっていくのを見ると、まるで〝お金のなる木〟を育てているような気分になるはずです。

しかし、自動発注は24時間連続して取引を繰り返し、コツコツ利益を上げる仕組みなので、決済回数はおのずと多くなります。そのため、もし高額の「取引手数料」がかかれば利益を圧迫し、また「スプレッド」が大きいと、思うように利益が伸びません。

ループ・イフダン最大の魅力は取引手数料が0円、しかもスプレッドはドル／円で通常2銭と業界最安値クラスなこと。低コストこそ、自動発注の生命線なのです！

自動発注では、約定回数が多くなるので特に手数料は要チェック！

	A社	ループ・イフダン※
☑ 手数料		
1回約定するごとに	1～5 銭	無料 円
☑ スプレッド		
ドル／円	4 銭	2 銭
ユーロ／円	5 銭	3 銭
ポンド／円	8 銭	5 銭
豪ドル／円	6 銭	4 銭

（2015年6月調べ）

※スプレッド計測期間：2015年3月1日 ～ 2015年5月31日。主要国政策金利の極端な変更やテロ等により為替市場の流動性が著しく低下した場合や相場急変時においては、スプレッド値はこの限りではありませんのでご注意ください。

ループ・イフダン基礎講座

手数料無料、スプレッド極小がうれしい

コツコツ型自動売買の大敵は取引手数料やスプレッド。その点、ループ・イフダンなら安心。投資の選択肢も多彩だ。

ＦＸ投資の切り札として熱い注目を浴びている「ループ・イフダン」。では、そのメリットとは？

ループ・イフダンの取引コストは業界最安値クラス

最も注目したいのが売買手数料です。自動発注型のシステム売買は、たくさんの取引を繰り返すので、取引ごとに高額の手数料がかかってしまうと致命傷。

そして買値と売値の差である「スプレッド」も重要です。

ループ・イフダンの場合、ドル／円は原則2銭に固定※。

でも「取引手数料」や「スプレッド」はそんなに大事なのでしょうか？

たとえば、ループ・イフダンのドル／円「B15－15」タイプでは、2015年1月～3月の3カ月で合計526回もの決済チャンスがありました。もしここに1回あたりの手数料として50円かかっていたとしたら、合計2万6250円のコストがかかることになります。ループ・イフダンの場合は手数料無料なので余計な心配はいりません。

さらにスプレッドが広いと取引機会も限られてしまいます。たとえばループ・イフダンで「B15－15」タイプを選択した場合、110円で買い注文が入り、レートが110円15銭に達して売りの決済注文が成立したとします。ところが、スプレッドが4銭のA社ではこのとき110円13銭としか提示されないので、決済注文は成立されません。通常の取引で発生するスプレッドの差とは違う「取引機会の差」なのです。

取引期間が長くなればなるほど、手数料とスプレッドは収益に大きな影響を及ぼすことになります。

※相場急変時にはスプレッドが大きくなるケースもあるので注意が必要です。

ループ・イフダンの大きなメリットは手数料の安さ

ループ・イフダンは売買手数料0円
ドル／円のスプレッドは通常2銭と低コストが魅力

たとえば2015年1月～3月に
ドル／円の「B15−15」タイプを運用した場合
決済チャンスは 合計526回

スプレッドの差が売買回数に影響

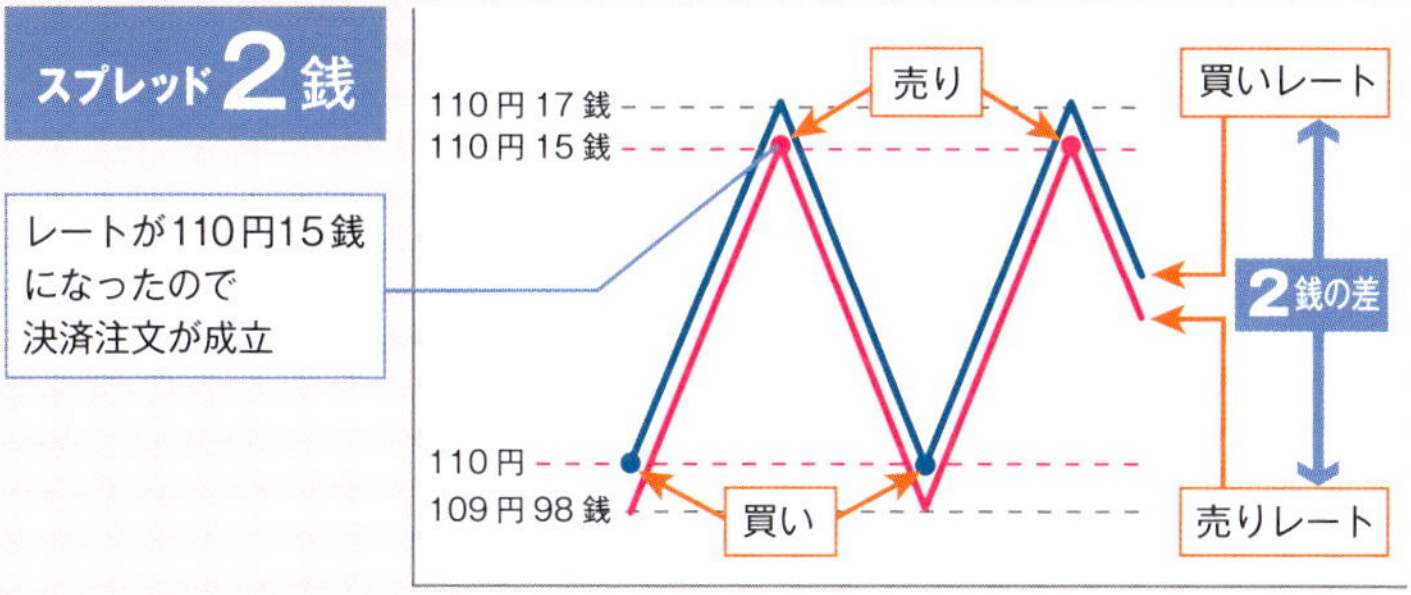

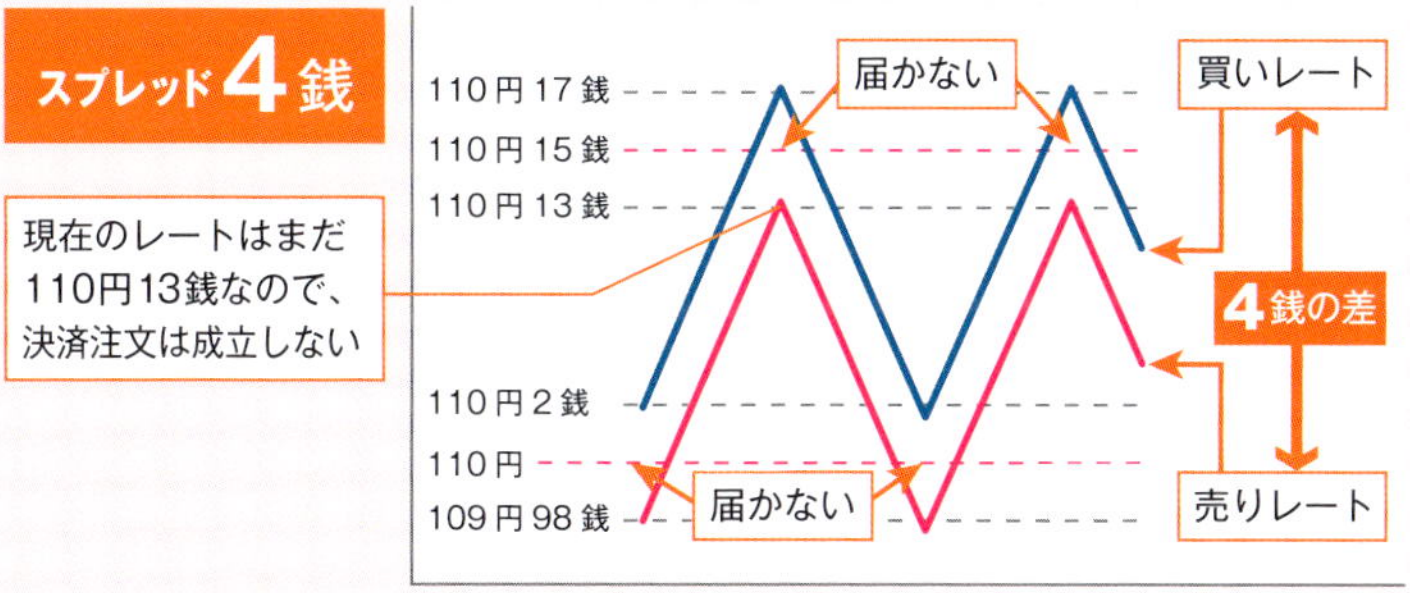

コラム

Q

ループ・イフダンは成行注文!?

A

Yes

本章では便宜上イフダン注文を用いて説明しておりますが、実際の一つひとつの注文は、成行注文で行なわれます。そのため、スリッページが発生することもあります。

第

2

章

ルーブ・イフダン使いこなし術

ループ・イフダン
使いこなし術

今後上がると思ったら「B」、下がると思ったら「S」

為替レートが上昇中は「買い」、下落中は「売り」で儲かるのがFXの基本。それはループ・イフダンでも同じ!

画期的な自動発注システム、ループ・イフダン。本章ではその具体的な使い方を解説していきましょう。

FXは株や外貨預金とは違い、「買い」からでも「売り」からでも新規取引ができます。たとえば、「ドル/円買い」という取引は米ドルが円に対して値上がりして為替レートが上昇すると儲かります。

反対に、「ドル/円売り」は「ドル/円」レートが下がれば下がるほど儲かります。

ループ・イフダンもまた「買い」からでも「売り」からでも新規取引することが可能。「買い」の売買システムは「B」、「売り」は「S」と、すぐ見分けることができます。

上がると思ったら「B」、下がると思ったら「S」

では、「B」と「S」のどちらを選べばより儲かるのでしょうか?

ループ・イフダン「B」の場合、上昇局面では一定値幅上がるたびに買いと売りを繰り返して利益を積み重ねられるため、上昇相場に向いています。一方ループ・イフダン「S」の場合、下落局面では一定値幅下がるたびに売りと買いを繰り返して利益を積み重ねられるため、下落相場に向いているのです。

そして相場が上昇でも下落でもないレンジ相場の場合は、どちらを選んでも変わりません。

むろん、Bタイプを選択したとき、為替レートが一直線で下落してしまうと、下落過程で買いポジションがどんどん増え、大きな含み損を抱えてしまうことになります。その額が自己資金の許容範囲を超えてしまわないような正しい「資産管理」が大切になるのです。

ループ・イフダン「B」「S」の特徴を把握する

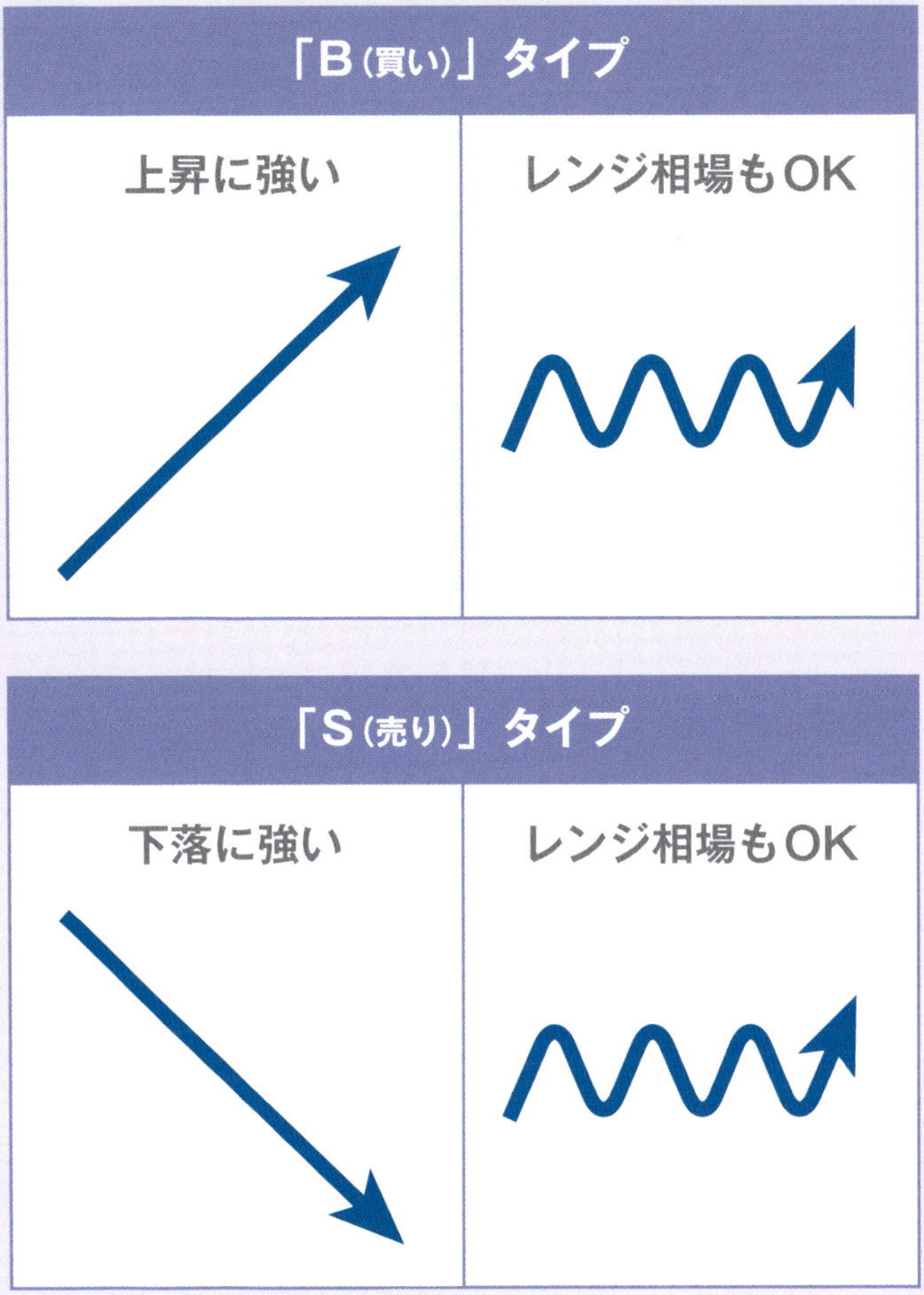

今後相場が上がると思ったら「B」
今後相場が下がると思ったら「S」
レンジ相場は「B」「S」どちらを選んでもOK

ループ・イフダン使いこなし術

「ある程度の含み損は必要悪」と考える

予想と反対方向に振れると、ポジション数が増え、含み損が膨らんでしまう。含み損を気にしないですむ取引スタイルとは？

ループ・イフダンは最大ポジション数を無制限にすると、設定した注文値幅分、値動きするたびに、どんどん新規ポジションを立てていくことになります。

B（買い）なら上昇、S（売り）なら下落と、システムと相場の方向性が一致しているときは新規取引が次々と成立するものの、同時に利益確定も順次行なわれるので、ポジション数はそんなに増えません。

問題は予想した方向と反対方向に為替レートが一直線で進んでしまったとき。為替相場の7割はレンジ相場といわれていますが、残り3割の中には為替市場を震撼させるような暴落や急騰がないとは限りません。

含み損が一挙に解消される局面が稼ぎどころになる

ループ・イフダンは長期間運用が大前提ですから、その過程で相場の急変動が起こって、含み損が発生するのはある程度、仕方のないところです。その後、再び予想した方向に為替レートが戻れば、含み損を抱えたポジションが次々に利益確定され、ポジション数が増えた分、大きな利益が生まれます。

つまり、B（買い）タイプなら為替レートがいったん急落したあとの反転上昇、S（売り）タイプなら為替レートが急上昇したあとの反転下落が一大収益チャンスになるのです。

次に図のように為替レートが急落したあと、底値で横ばい推移が続いた場合を考えてみましょう。

為替レートが一気に下落したため、「B25－25」のループ・イフダンの場合、5つのポジションが連続して約定し、118円75銭の時は含み損が250pipsに達しまし

ループ・イフダンの含み損はどうすればいい？

ループ・イフダンの注文値幅がリターン・リスクに直結

「B25-25」タイプのループ・イフダン

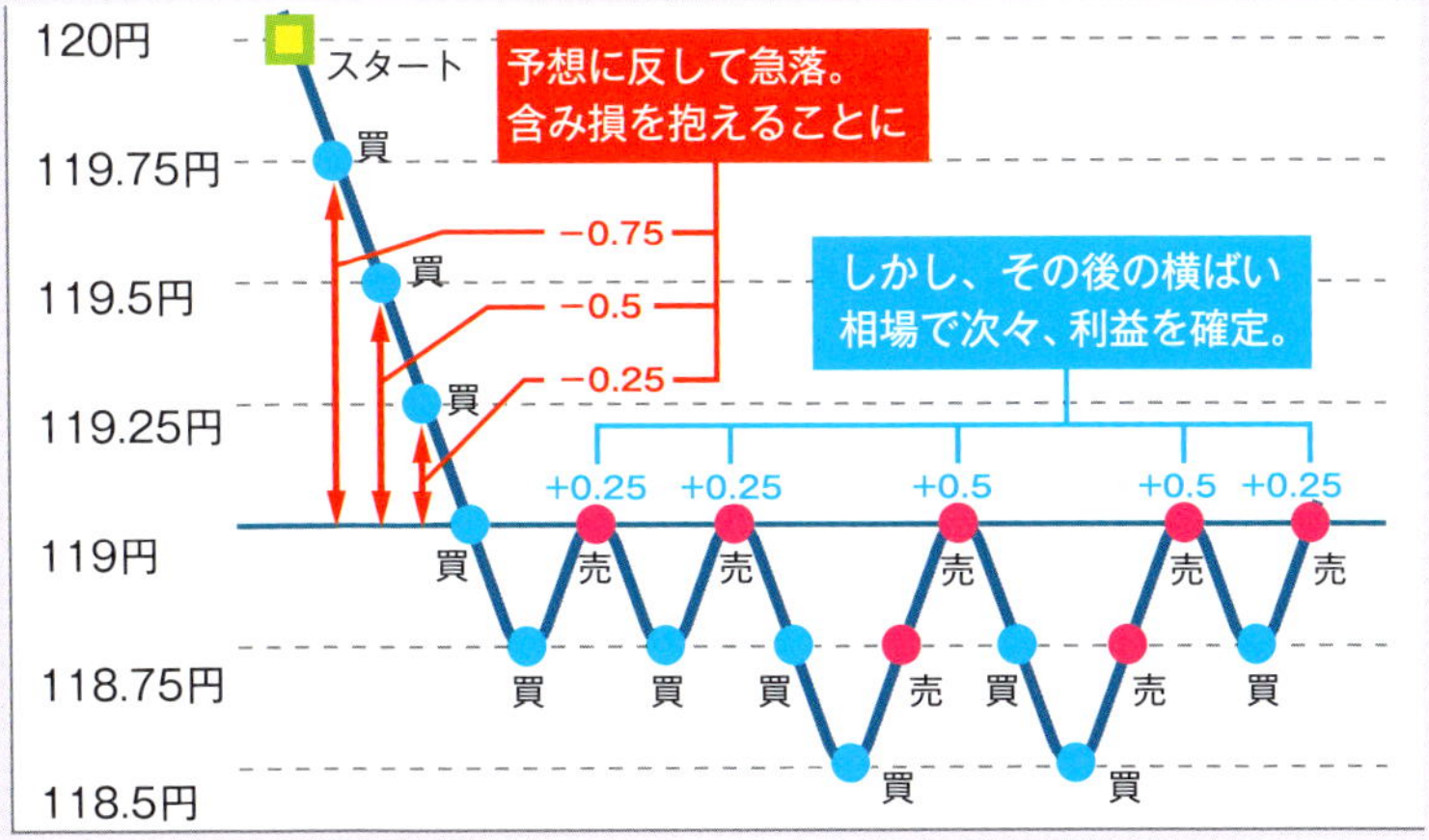

「含み損」が発生してもその後、「獲得利益」で
「トータルで儲かっている状態に」

た。しかし、その後、急落モードが落ち着き、118円50銭と119円の間を何度も行ったり来たりするレンジ相場に移行したとしましょう。

含み損を上回る確定利益が生まれれば運用成功

このジグザグの動きの間もループ・イフダンは稼動し続け、利益確定を続けます。その結果、このレンジ相場で積み上げた利益が、システム開始当初のポジションの含み損を上回る結果に。

つまり、損失額が許容できる範囲にあるうちは、慌てて取引を停止しないほうがよい結果をもたらす場合があることは覚えておいて損はないでしょう。

ループ・イフダン使いこなし術

ロスカットを防ぐための資金管理術

含み損が増えて余裕資金がなくなると「ロスカット」の憂き目に。それを未然に防止することが実は一番、大切である。

前ページで「ループ・イフダンでは含み損はある程度、仕方ない」と説明しました。しかし、それは、あくまで「ある程度」の話です。

あまりに相場が反対方向に行き過ぎると、自己資金で保有できる上限ギリギリのポジションが立ち、大きな含み損を抱えることで、「ロスカット」の危険性が高まります。

ロスカットされるとすべてのポジションが決済されてしまうので、含み損が実現損失となり、これまで貯めた実現利益でも補いきれず、多額の損失を被ることに。また、その後、相場が反転して再びコツコツ儲けるチャンスも失います。

つまり、これこそがループ・イフダンにとって、最も重要な運用ルール「ロスカット」されないこと！

そのためにも、「注文値幅」と「最大ポジション数」がどう影響するか理解しておく必要があります。

相場が逆方向に一直線で進んだときの必要資金は？

もし相場が予想した方向と逆方向に一直線で動いた場合、ループ・イフダンでは、最初に設定した最大ポジション数の取引が成立します。

たとえば、ドル／円の「B15－15」タイプを最大ポジション数10、取引数量1000通貨で運用開始した場合、スタート時点から為替レートが「15銭×10＝1・5円」予想と反対方向に動くと、最大ポジション数10がすべて約定することに。一直線で下落したため、すべてのポジションが含み損を抱えることになり、その総額は1000通貨の取引だと6750円になります。

1000通貨で最大ポジション数10を立てるのに必要な証拠金

ループ・イフダンでは「ロスカット」に厳重注意

「含み損＋必要証拠金」が自己資金を超えるとロスカットに。
そうならないための「資金管理」が重要

ループ・イフダンB15−15（対象通貨ドル/円、1000通貨の場合）

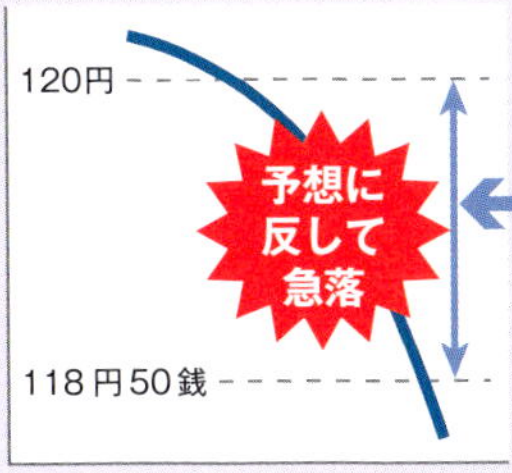

1.5円急落するとポジション数は10。その含み損は6750円※1

＋

10のポジションに必要な証拠金は約4万8000円※2

※1　120円でループ・イフダンをスタートした場合（120円の地点ではポジションを取らない場合の金額）
※2　1000通貨あたりの取引証拠金が4800円の場合

つまり……　6750円＋4万8000円＝
5万4750円以上の
自己資金がないとロスカットの憂き目に！

はループ・イフダンの場合、約4万8000円です。つまり「4万8000円＋含み損6750円」より自己資金が多くないと、「ロスカット」の憂き目にあいます。

ロスカットされない余裕を持った資金管理が必要

最大ポジション数がすべて約定して1つも決済されていない直後の含み損は、ポジション数をnとすると、「設定値幅×取引通貨量×n（n−1）÷2」で計算できます。そこから、相場が逆方向に一直線に進んだ場合、含み損はさらに増加。

ループ・イフダンの運用では、含み損に耐えられる、余裕を持った資金管理が最重要になるのです。

ループ・イフダン使いこなし術

「目安資金表」を使ってリスク管理

自己資金がどれだけあれば、予想外の為替レートの値動きでもロスカットされないかを事前に把握しておくことが肝心。

「ロスカット」されることがループ・イフダン最大のリスク。逆に、「ロスカット」さえされなければ、やがて相場も反転して利益確定が進み、トータルで利益を出せるのがループ・イフダンの特徴といえます。

「ロスカット」を回避するには、正しい資産管理以外ありません。

そのためには、相場がマイナス方向に動いた場合、ロスカットされずにすむための必要資金の目安を確認しておく必要があります。

図はドル／円で1０００通貨のループ・イフダンを最大ポジション

数無制限で保有したとき、為替レートが予想と反対方向に振れても、どれだけの資金量があれば持ちこたえられるかを示した一例です。

値動きが激しいと、含み損＋必要証拠金額が膨らむ

ドル／円1０００通貨で設定値幅「15－15」を選択した場合（左表A）、思惑よりも3円逆方向に進むと（①）、ポジション数は20本保有することとなり（⑤）、最低必要資金は13万８５００円となります（④）。そのレートを越えるとロスカットされます。それを避けるためには13万８５００円以上の資金を口座に持っている必要があります。では、そこまで資金がない場合はどうしたらいいでしょうか？　たとえば「50－50」を選んでみましょう（B）。同じ3円動いても、最低必要資金は4万５００円です（C）。その時点でポジションを6本しか保有していないからです。このように「目安資金表」を使って想定する変動額と設定値幅によってどのくらいの資金が必要になるか理解しておくことはリスク管理のうえでとても重要です。

「目安資金表」を使ってリスクを管理する

「この注文値幅タイプのループ・イフダンでは為替レートが何円動くとロスカットされるか？」を「目安資金表」で確認しておくことが重要

（ドル／円）

想定する変動額		ループ・イフダン設定値幅			
		Ⓐ15	25	Ⓑ50	100
1円	損失合計額	2,850円	1,500円	500円	0円
	取引証拠金	33,000円	22,000円	11,000円	5,500円
	最低必要資金	35,850円	23,500円	11,500円	5,500円
	ポジション数	6	4	2	1
2円	損失合計額	12,350円	7,000円	3,000円	1,000円
	取引証拠金	71,500円	44,000円	22,000円	11,000円
	最低必要資金	83,850円	51,000円	25,000円	12,000円
	ポジション数	13	8	4	2
❶3円	損失合計額❷	28,500円	16,500円	7,500円	3,000円
	取引証拠金❸	110,000円	66,000円	33,000円	16,500円
	最低必要資金❹	138,500円	82,500円	Ⓒ40,500円	19,500円
	ポジション数❺	20	12	6	3
4円	損失合計額	51,350円	30,000円	14,000円	6,000円
	取引証拠金	143,000円	88,000円	44,000円	22,000円
	最低必要資金	194,350円	118,000円	58,000円	28,000円
	ポジション数	26	16	8	4

取引証拠金は1000通貨あたり5500円の場合

目安資金表の見方

①:思惑と逆方向に変動した際の金額。②:保有ポジションの損失合計額。 ③:想定した変動が生じた際の取引証拠金。
④:②の損失合計と③の取引証拠金を合算した金額。
⑤:想定した変動が生じた際に保有するポジション数。
目安資金表：**http://fx.inet-sec.com/systrd/information/**

目安資金表はスマホからも確認できます。

取引証拠金	ポジションを立てるために必要な資金
損失合計額	為替レートが予想と反対方向に動いたときに膨らんだ含み損の総額

ループ・イフダン使いこなし術

下落幅を想定して、値幅を決める

為替レートがどこまで下落するか、過去のチャートから判断し、自己資金に合わせて値幅を決定する。

45ページで紹介した目安資金表を参考にすれば、自己資金の量に応じたさまざまなループ・イフダンの戦略立案が可能になります。

今後、何円下がりそうかを想定して値幅を決める

もし「B15－15」を1ドル115円からスタートさせたとき、そこからさらに5円、つまり1ドル110円まで為替レートが下落したときの含み損はいくらになるでしょうか?

1000通貨の取引、ポジション数無制限で計算すると、ポジション数は約33になり、含み損は約8万円になります。必要な証拠金は約18万1500円なので、この場合この2つの合計金額、約24万円以上の自己資金がないと、「ロスカット」の赤信号が点灯します。

逆に、自己資金が24万円以上あって、為替レートが5円以上、予想と反対方向に値動きしないと思っているなら、この売買システムを使ってもいいでしょう。

むろん、「5円程度の値動きでロスカットのリスクが高まるのは心配」という人も多いはずです。

運用資金量を低く抑えるなら値幅は広くが基本戦略

資金量を低く抑えたいなら、より注文値幅の広い「100－100」タイプが安心でしょう。

「100－100」タイプの場合、自己資金20万円で許容できる変動幅は約16円になります。

一方「15－15」タイプの場合は20万円で許容できる変動幅は約4円になります。

ドル/円を投資対象にした「B100－100」の場合、122円

ループ・イフダンの想定変動幅と値幅の関係とは？

ループ・イフダンの最適な値幅は
資金量と想定する変動幅の関係で決まる。

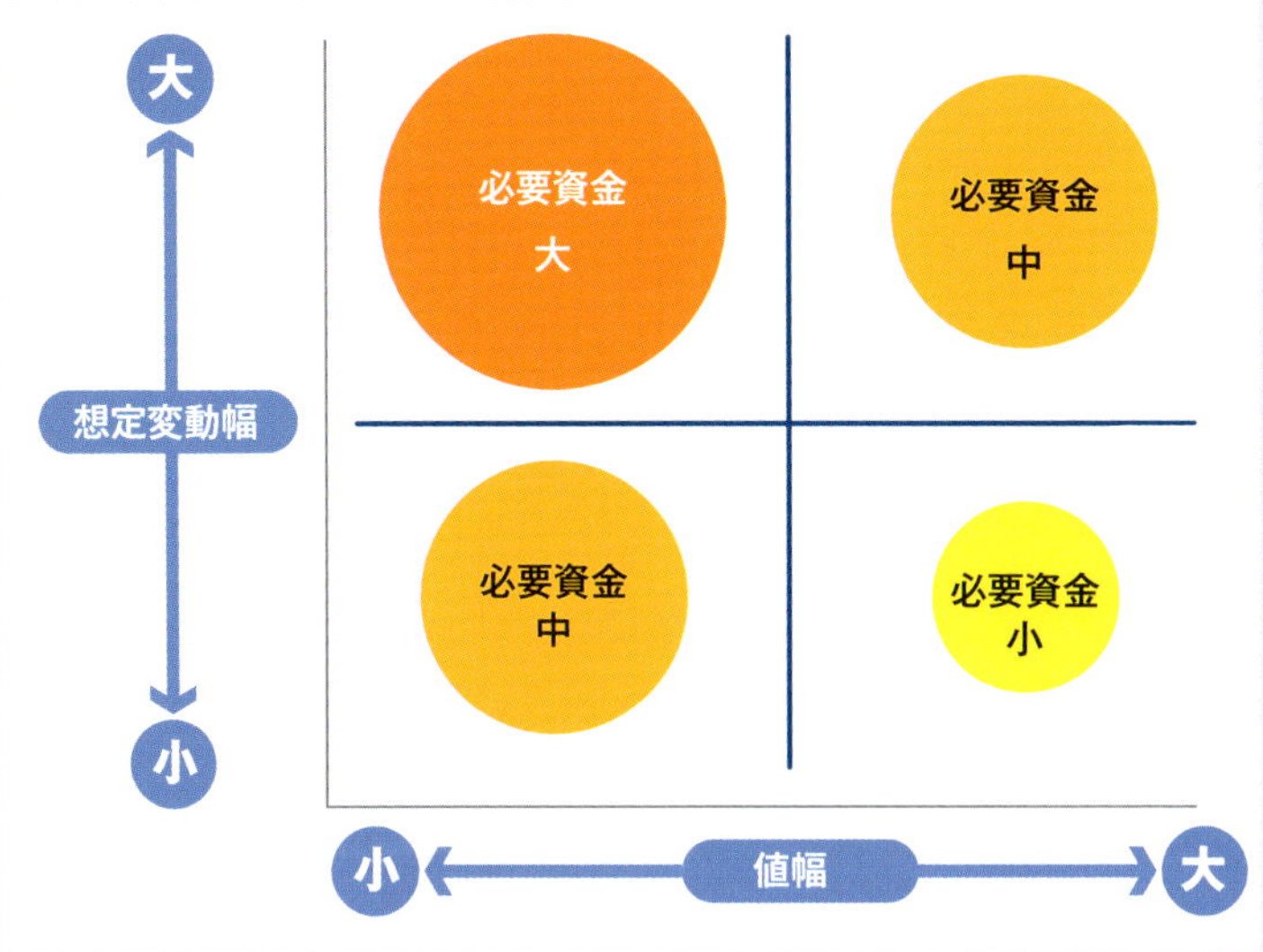

で運用をスタートしたとしても、そこから16円下の1ドル106円まで為替レートが下落しない限り、ロスカットの心配なく、持ちこたえることができます。

このように、ループ・イフダンを安全に運用するコツは「自分が許容できる変動幅はいくらか？」をある程度、予想して決めておくこと。

「投資対象の通貨ペアは長い目で見て今後、どういった変動幅で推移するのか？」

「その変動幅で値動きしても、ロスカットにならない注文値幅はどれか」といったことを、自分なりの相場観と自己資金のフトコロ具合から決めていくことが、ループ・イフダンで成功する秘訣なのです。

ループ・イフダン使いこなし術

「注文値幅」がリターンとリスクに直結

どれだけ値動きしたら取引するか、注文値幅を最初に決めるのがループ・イフダンのルール。その設定法が成功の鍵に。

ループ・イフダンには売買システムごとに「注文値幅」、「取引数量」、「最大ポジション数」、「重複（同じレートでの重複取引を許可するかしないか）」の4つを選択する必要があります。中でも一番、重要なのは「注文値幅」です。たとえば、ドル／円の設定値幅は「15、25、50、100」の4タイプ。

「B15－15」の場合、ドル／円レートが15銭上下に動くと新規買い注文が発動され、そこから15銭上昇すると利益確定。取引数量が1000通貨の場合、15銭上昇するたびに約150円ずつ利益が増えていく計算になります。

値幅が狭いとコツコツ型 値幅が広いとゆったり型

対して、「B100－100」の場合はドル／円のレートが1円動かないと新規取引が行なわれませんが、その後、1円上昇すると1000円の利益に。つまり、

●選択する値幅が狭いと頻繁に取引が行なわれ、少額利益をどんどん積み重ねていくことに。

●値幅が広いと取引回数は少なくなるものの、1回の取引で比較的高額の利益が得られることに。

全体の方向性に対する予想が当たった場合、狭い注文値幅のほうが取引回数は多くなるので、効率よく利益を増やすことができます。いわば、「チリも積もれば山となる」効果がより発揮されるのです。

値幅の狭いタイプのほうがリスクが高くなりがち

ただし、それは全体の方向性の予想が当たった場合。逆に予想と反対方向に動くと、注文値幅が狭いタイ

ループ・イフダンの「注文値幅」の差

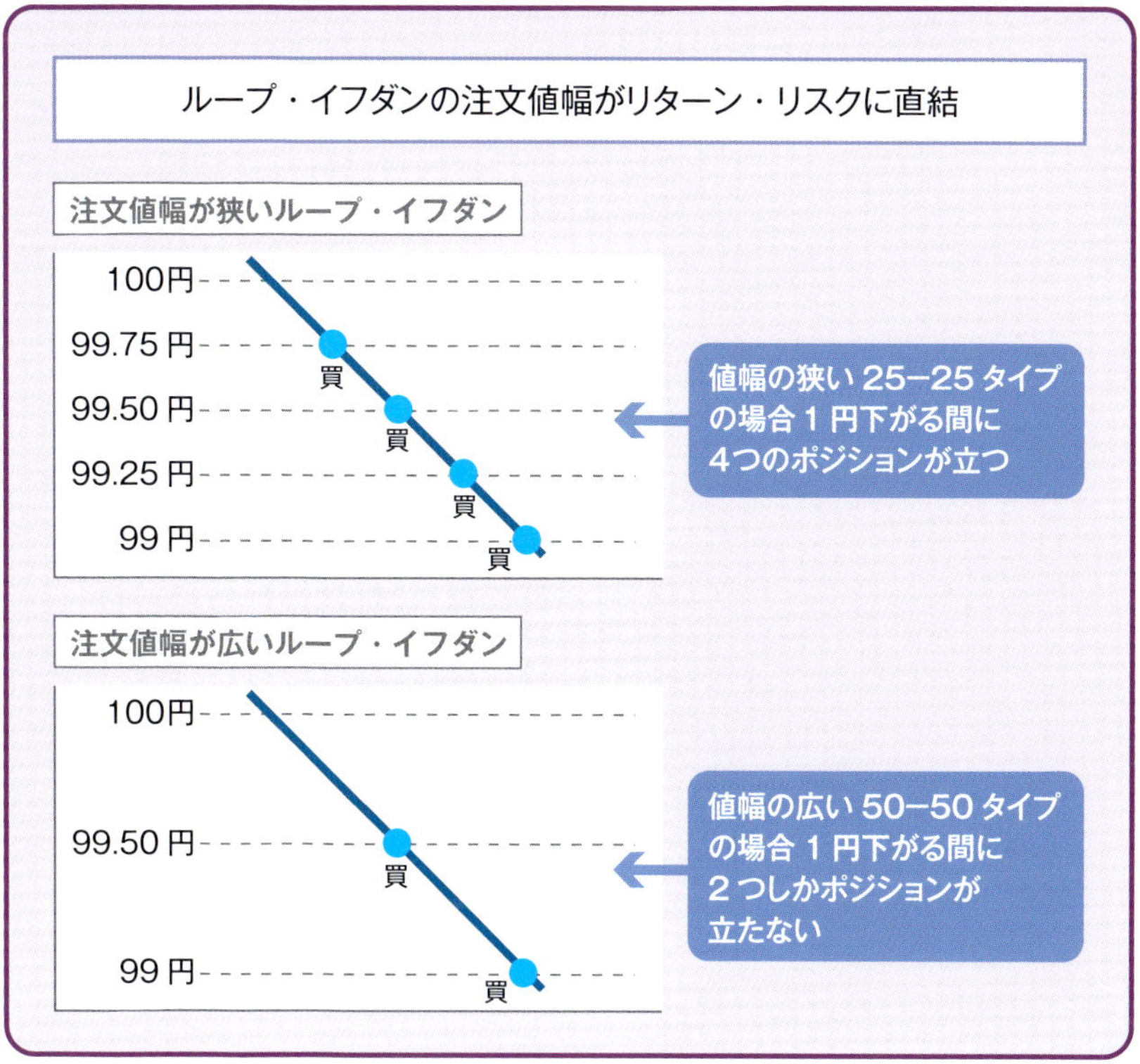
ループ・イフダンの注文値幅がリターン・リスクに直結
注文値幅が狭いループ・イフダン
100円
99.75円
99.50円
99.25円
99円
買
買
買
買
値幅の狭い25−25タイプの場合1円下がる間に4つのポジションが立つ
注文値幅が広いループ・イフダン
100円
99.50円
99円
買
買
値幅の広い50−50タイプの場合1円下がる間に2つしかポジションが立たない

プほど、どんどん新規のポジション数が増え、大きな含み損を抱える結果になりやすい傾向があります。

たとえば、金融危機や戦争・テロなどが起こると、為替レートは大きく動く可能性があります。また、取引する通貨ペアによっても、為替レートの値動きの激しさは異なります。

ループ・イフダンでは、「80−80」や「100−100」など注文値幅が広いタイプのものほど、想定外の値動きが続いてもポジション数があまり増えません。「今後、為替レートの変動率が大きくなりそうだ」というときは、注文値幅の広いタイプのループ・イフダンを選択したほうが、余裕を持った運用ができます。

ループ・イフダン使いこなし術

最大ポジション数の制限でリスクを抑える

限られた資金で余裕を持った運用を行なうためには「注文値幅」の調整以外に、「最大ポジション数」の制限という方法もある。

投資資金を増やすことなく、余裕を持った運用を行なう手段には、「注文値幅」の調整以外に、

●最大ポジション数を制限する

という方法もあります。

たとえば、「B15―15」タイプの場合、1円（100pips）値下がりすると新規保有するポジション数は「100÷15＝6・6…」で6つになりますが、それをあらかじめ3つに制限しておけば、値動きの中で本来、新規取引を発注するレートになっても、新たにポジションを保有することはなく、資金的な余裕が生まれるわけです。

ポジション数を制限するとリスクを少なくできる

ポジションを制限していない場合、100円から99円に値下がりする過程で6つのポジションの含み損は合計で285pipsになります。

一方、ポジションを3つに制限した場合は210pips。含み損リスクをある程度、減らすことが可能になります。もし、100円だった為替レートの下落が99円で止まらず97円まで3円下落した場合、最大ポジション数無制限の「B15―15」タイプではポジション数が20となり、含み損の総額は2850pipsに膨らんでしまいます。

ポジション数を3つに制限していたときの含み損は810pipsですから、予想外の下落に対して、最大ポジション数の制限がいかに有効かがわかります。

ポジション数は自己資金と相談して決めるのが基本

ただし、最大ポジション数を制限

ループ・イフダンのリスクを抑える2つの方法

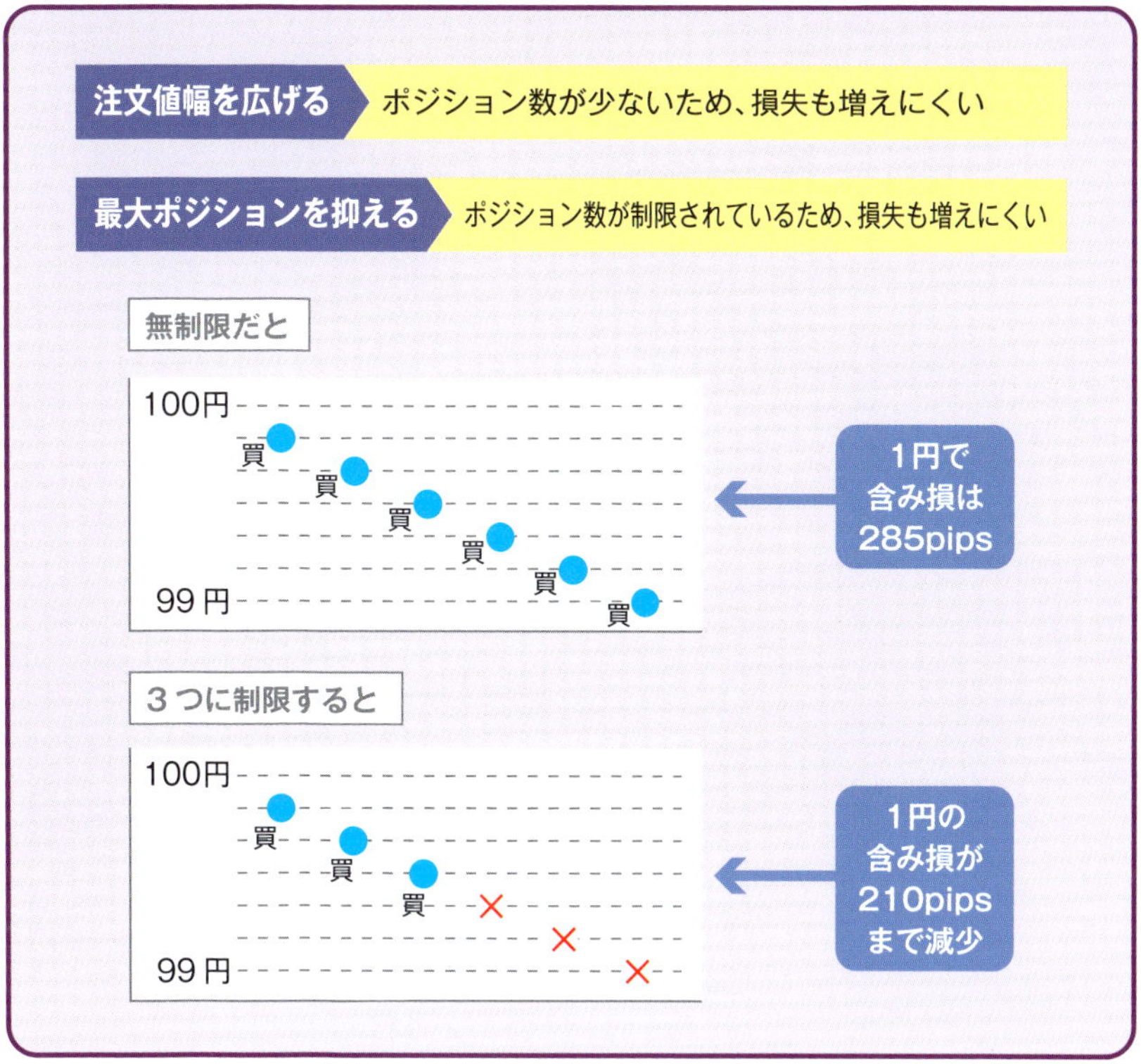
注文値幅を広げる
ポジション数が少ないため、損失も増えにくい
最大ポジションを抑える
ポジション数が制限されているため、損失も増えにくい
無制限だと
100円
99円
買
買
買
買
買
買
1円で
含み損は
285pips
3つに制限すると
100円
99円
買
買
買
1円の
含み損が
210pips
まで減少

してしまうと、値動きによっては取引の回数が少なくなり、収益チャンスを失う可能性もあります。

先ほどの例でも、99円まで下落した為替レートが１００円まで戻れば、最大ポジション数無制限の場合は含み損がすべて解消され、３１５ｐｉｐｓの利益を獲得できます。ポジション数を3つに制限していると90ｐｉｐｓしか利益が出ません。

むろん、値動きが小刻みな場合は必ずしもポジション制限の影響を受けず、収益チャンスを獲得できる場合もあります。

とにかく、最も大切なのは安定した運用を続けること。そのためには、自己資金に見合ったポジション数の設定を心がけましょう。

ループ・イフダン使いこなし術

どこで取引をやめるのかも重要に

相場状況は時々刻々変化するもの。中長期の運用が推奨されるループ・イフダンの「止めどき」「変えどき」とは？

ループ・イフダンは最小15ｐｉｐｓの少額の利益をコツコツ積み上げていく投資スタイルのため、中長期保有が大前提になります。

通常の裁量取引では狙えそうもない、小刻みな値動きを利益に変えるという面からも、中長期間運用して〝大量の小魚をなるべくたくさん網にかける〟発想が必要です。

なぜなら、ループ・イフダンは為替相場が上下動を繰り返して、想定したレンジを予想と反対方向に突き抜けない限り、いつかは必ず儲かるようにできたシステムだからです。

豊富な資金量があれば永遠に利益が出る仕組み!?

極論ですが、為替レートがここ10年、20年の間に値動きした最高値から最安値まで、ループ・イフダンをびっしり張り巡らせる資金量があれば、永遠にほったらかしでもＯＫ。値動きが続く限り、着実に利益を上げることができるでしょう。

とはいえ、設定値幅を狭くして、積極的な取引を行なう場合は、「いつ、取引をやめるか？」という判断も必要になってきます。

当然、Ｂタイプであれば、想定した為替レートのレンジの上限近くに達したとき、高値で次々約定されるので、その後、相場が下落に転じてしまうと含み損が大きくなります。いったん、ループ・イフダンを終了させて、相場が下落するのを待つのも一案といえるでしょう。

レンジ下限ではＢ、上限ではＳという戦略もあり

また、ドル／円が１１０円台後半から１２０円台前半を行ったり来たりしている相場の場合、レンジ上限

ループ・イフダンの「止めどき」はいつ？

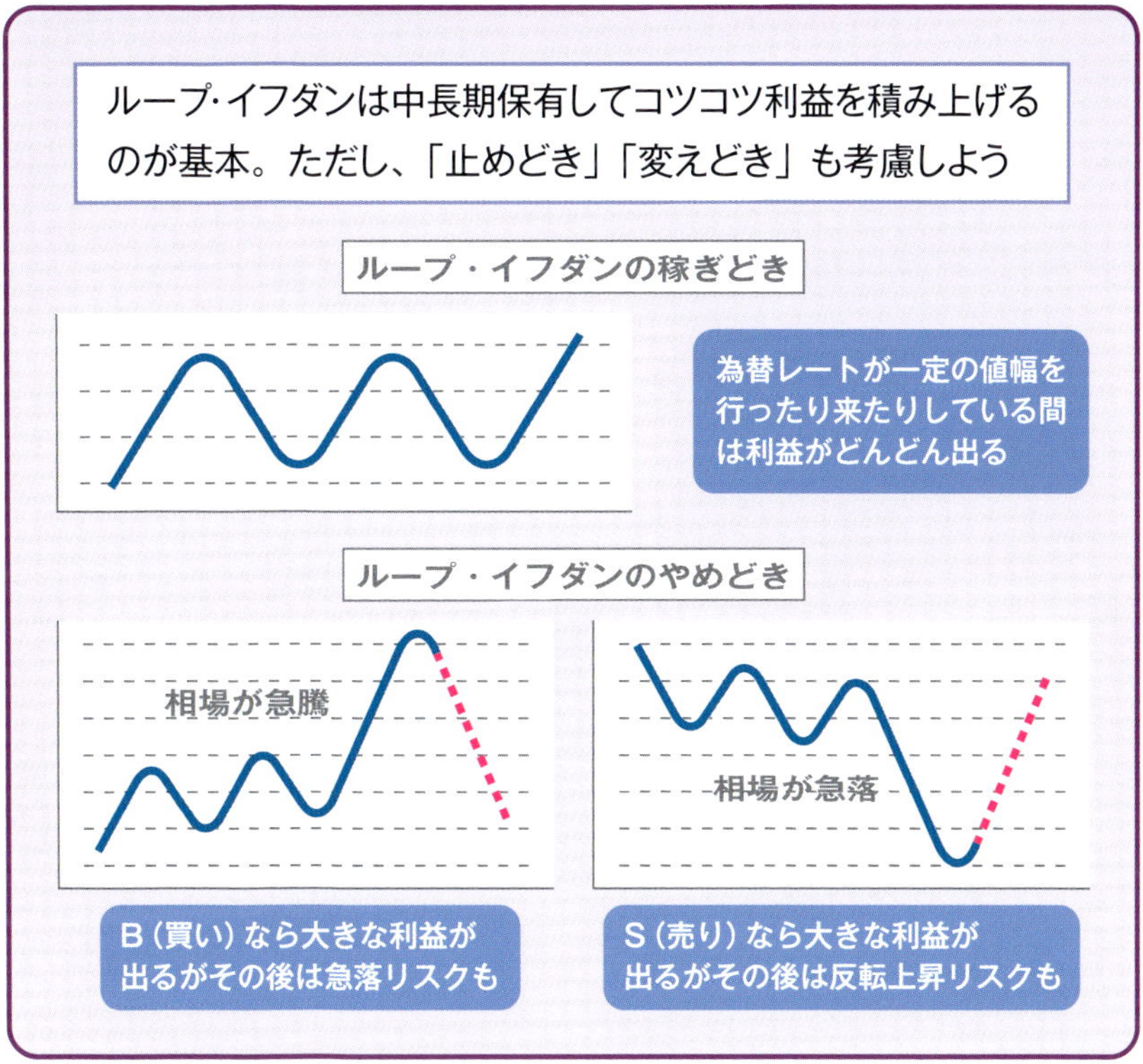
ループ・イフダンは中長期保有してコツコツ利益を積み上げるのが基本。ただし、「止めどき」「変えどき」も考慮しよう
ループ・イフダンの稼ぎどき
為替レートが一定の値幅を行ったり来たりしている間は利益がどんどん出る
ループ・イフダンのやめどき
相場が急騰
相場が急落
B（買い）なら大きな利益が出るがその後は急落リスクも
S（売り）なら大きな利益が出るがその後は反転上昇リスクも

では下落する可能性が高く、レンジ下限では上昇する可能性が高くなります。

つまり、レンジ上限では「S（売り）タイプ」、レンジ下限では「B（買い）タイプ」と、ループ・イフダンの種類を使い分けることも有効な投資戦略になるでしょう。

むろん、豪ドル／円のような高金利通貨では、Sタイプだとマイナスのスワップポイントを負担することになるので注意が必要です。

ほったらかしでも儲かるのがループ・イフダンの魅力ですが、たまの休日には損益状況や投資している通貨ペアのチャートを見て、システムの「止めどき」や「変えどき」を探るのがいいでしょう。

コラム

Q 重複レート発注機能って何？

A

重複レート発注機能は、図のように決済できていないポジションがあっても、為替レートが同じ水準になれば、新規注文が行なわれる機能。重複レート発注機能を有効にした場合、同一レート上で重複して複数のポジションを保有するため、無効にした場合と比べて取引機会が多くなる。一方で相場によっては、保有ポジション数が増加し、目安資金表を利用した資金管理ができなくなるため、安易に使用することはお勧めしません。なお、ループ・イフダンの初期設定では無効になっています。

第3章

ループ・イフダン実践集 －1－

長年の研究から生まれた、最も効率のよい投資法

東大卒ループ・イフダンの第一人者

七瀬玲　編

ループ・イフダン検証ブログ
http://loop-ifdone.jp/

第4章

ループ・イフダン実践集 －2－

「苦労の上に築いた、バンドウォークマスターの戦術」

「美しきスゴ腕女性トレーダー」

ネコピカ　編

第5章

ループ・イフダン実践集 －3－

自動で儲かるシステムにこだわったお任せトレード

サラリーマントレーダー

kukaku　編

実践集①
七瀬 玲 編

東大の友人の勧めでＦＸの世界へ

ＦＸをスタートして1年で30000pipsを獲得。東大卒業後は、いったん就職するが、ＦＸで成功し専業トレーダーに

私がＦＸを始めたのは、いまから10年以上前のことです。同じ東大に通っていた友人がＦＸでかなり稼いでいることを知って、興味を持ったのです。

私自身〝お金は多ければ多いほどよい〟という価値観を持っていましたので、友人のようにお金を増やしたいと考えてＦＸを始めました。

友人の見立て通りの投資で成功

その友人は、東大生の中でも特に優秀でした。彼は「ＦＸは簡単だ、ドル／円はずっと80－120のレンジにいる」と言っていたのを今でも覚えています。

もちろんこれを鵜呑みにしたわけではなく、私なりにいろいろ勉強しましたが、結果的には私も彼もその見立て通りの投資をして成功しているので、彼の見立ては正しかったことになりますし、私は最初に彼からよいアドバイスを聞けて本当に幸運だったと思います。

東大を卒業し、いったん就職しましたが、ＦＸで成功し十分な資産が貯まりコンスタントに利益が確保できるようになったので、会社を辞めて専業トレーダーになりました。ループ・イフダンを始めてからは1年で3万pips稼いでいます。

ストレスの少ない自己流ナンピンがメインに

ＦＸを始めた当初は、スキャルピングやスイングトレードで取引をしていました。ループ・イフダンのような自己流ナンピンもよくやっていました。自己流ナンピンのメリットは簡単でコンスタントに稼げるということです。為替レートが下がって

私がFXを始めたきっかけ

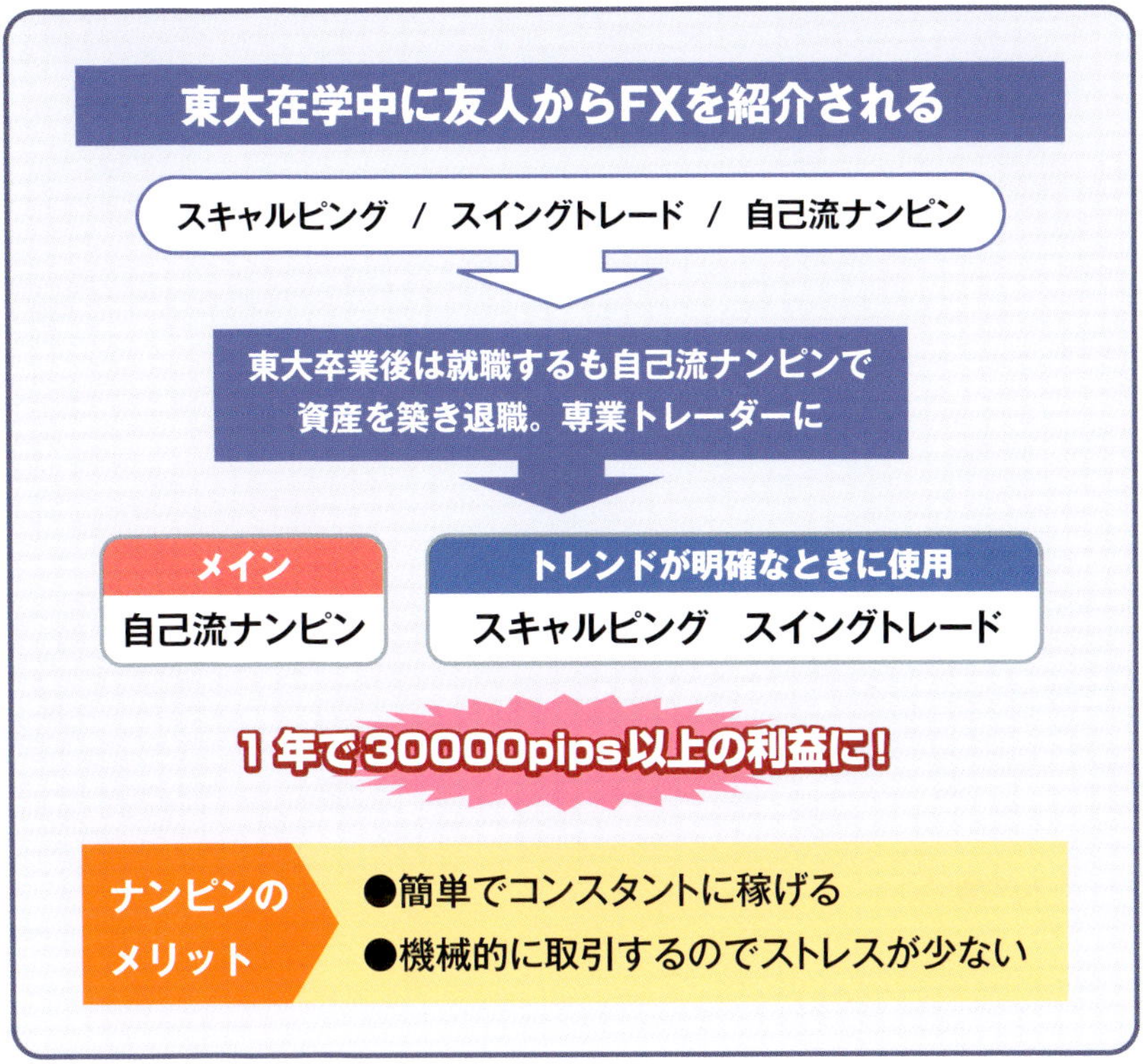
東大在学中に友人からFXを紹介される
スキャルピング ／ スイングトレード ／ 自己流ナンピン
東大卒業後は就職するも自己流ナンピンで
資産を築き退職。専業トレーダーに
メイン
自己流ナンピン
トレンドが明確なときに使用
スキャルピング　スイングトレード
1年で30000pips以上の利益に!
ナンピンの
メリット
●簡単でコンスタントに稼げる
●機械的に取引するのでストレスが少ない

いったら、徐々に買っていき、戻ったら利益確定をしていくだけです。

スキャルピングやスイングトレードは、予想が当たり続ければ短期間で大きな利益を得られるメリットがあります。しかし、新規注文のレートや決済注文レート、損切りのレートあるいはポジション数などをその都度考えなければなりません。しかも、一生懸命考えたあげく勝ち負けを繰り返すので、感情の起伏が激しくストレスがたまります。その点、自己流ナンピンは機械的に取引をするだけなのでストレスが少なくてすみます。

そして、私の実践してきたナンピンが自動でできるループ・イフダンに出会ったのです。

実践集①
七瀬 玲 編

自己流ナンピンが自動でできた！

自己流ナンピンは、コンスタントに利益が稼げるものの、手動で発注するのに手間がかかるのが難点。それを解決してくれたのがループ・イフダンだった。

私がメインの取引手法としている自己流ナンピンは、コンスタントに利益が出せる理想的な方法ですが、手動で注文を入れるのは手間がかかります。その手間を省いてくれるすばらしいシステムがループ・イフダンでした。

ループ・イフダンは、一定値幅で買い下がり、一定値幅でその都度、利食いを行ない、それを自動で繰り返します。たとえば、1円下がったら買い、1円上がったら利食いを行ないます。いったん利食いを行なっても、同じ条件が揃えば、自動で繰り返します。つまり、一定値幅で「イフダン注文を」「何度でも」「自動で発注する」機能で、レンジ相場に強い取引手法です。

最初に設定さえすれば ほったらかしでもOK

ループ・イフダンと同じ自動発注が利用できるFX会社はほかにもあります。たとえば、M社のシステムとの違いは、ループ・イフダンの方が低コストで利益が大きくなるということです。

私が検証した結果、ループ・イフダンのほうがなんと11～78％も利益が大きくなります。

ループ・イフダンでは人気通貨が網羅されているのもありがたいところです。現在は、ドル／円、豪ドル／円、ユーロ／円、ポンド／円の4種類の通貨ペアで取引可能です。自動発注を利用する人には、スワップポイントがプラスになるものを選んで、長期間放置しておく人が多くいますから、ユーロ／ドル、ポンド／ドルのように、スワップポイントのプラス・マイナスが途中で逆転する可能性の高い通貨ペアは不向きなの

私がループ・イフダンを始めた理由

メインの取引手法 自己流ナンピン＝手動ループ・イフダン

発注が面倒！

決済されるたびに注文を設定しなおす必要がある

↓

自動発注を検討

自動発注のメリット

- 仕事中や睡眠中でも関係なく24時間取引できる。
- ストレスがたまらない。感情に流されることがない。
- 一度設定したら放置でよいので手間がない、疲れない。
- 初心者にも簡単。決済レート、損切りレートなどをその都度考える必要がない。

↓

ループ・イフダンに出会う

で、この４つの通貨ペアで十分でしょう。

　また、ループ・イフダンは、相場状況を考えて、その都度何を売買するかを考える必要がありません。これは、仕事で忙しい会社員にも大きなメリットといえます。一度設定さえしてしまえば、ほったらかしでも構いません。24時間いつでも自動発注が実行されるので、効率よく利益を狙うことができます。システムの操作も簡単なので、ＦＸや取引システムに慣れない人でもすぐに使えるのです。

　ループ・イフダンは、結果的にトレードによるストレスが少なくてすみますから、長期間のトレードでも快適に実践できます。

実践集①
七瀬 玲 編

ループ・イフダンのメリットは？

ループ・イフダンは他社の自動発注型システムと比べても断然有利。スプレッドやスワップポイントで大きな差がつく。

ここでは、ループ・イフダンのメリットをもう少し詳しくみていきましょう。最も大きなメリットは、コストが安いことです。コストは投資成果を左右します。できるだけコストの低い方法で取引をするのが大きく稼ぐためのコツです。

ＦＸのコストには、大きく分けてスプレッドと取引手数料があります。ループ・イフダンと同様の自動発注を扱っているM社はスプレッド・手数料ともに大きく、１０００通貨の取引でも往復10ｐｉｐｓ相当かかります。しかし、ループ・イフダンなら手数料無料でスプレッドも2ｐｉｐｓと低コストです。

コストが安いので効率よく稼げる

とくに自動発注の場合は取引回数が多くなるので、手数料の差は、損益に大きくかかわってきます。たとえば、手数料の差が10ｐｉｐｓ相当で１００回取引した場合、ドル／円の１０００通貨であれば、利益に1万円の差が出ます。これが続くのですから大きな違いです。

スワップポイントが高いのも魅力です。豪ドル（買い）で比較すると、ループ・イフダンは55円、M社は39円です（２０１５年3月19日時点）。また、売りスワップも小さいため、売りで勝負したい場合でも有利です。

スワップだけでなく決済利益も凄いです。為替相場は、レンジ相場である期間が結構長いものです。その間、コンスタントに毎日利益が出せるのもメリットです。２０１４年の1年間の利益を検証してみると、１０００通貨の取引で左ページのようになりました。

ループ・イフダンのメリット

1. 低スプレッド
2. スワップポイントが高いのでスワップポイントでも稼げる
3. レンジ相場ならほったらかしでも利益が出る
4. 最大ポジション数が設定できるので資金管理がしやすい
5. ストレスがたまらない
6. 設定や相場次第では裁量トレードに負けない利益が得られる

2014年のループ・イフダンの利益を検証!
（1000通貨単位で運用していた場合）

通貨ペア	買い	売り
ドル／円	B15−15 19万9980円	S15−15 18万6750円
ユーロ／円	B40−40 13万1600円	S40−40 13万1200円
ポンド／円	B50−50 18万8000円	S50−50 17万6500円
豪ドル／円	B20−20 17万2600円	S20−20 16万7600円

実践集①
七瀬 玲 編

私の設定と利益を大公開！

ループ・イフダンを利用し始めてから現在までの利益は通算3万4087pips。相場の流れに合わせて設定を変えれば、大きな利益が得られる。

私は現在、ドル/円の買い（値幅15）と豪ドル/円の買い（値幅40）の2つのループ・イフダンを動かしています。最大ポジション数は20本、重複レート発注機能はオフにしています。重複発注機能については P72で詳しく解説しますが、オンにするとポジション数が多くなり、リスクも格段に高くなるので、オフにして取引することをおすすめしています。

これまでの通算利益は3万4087pipsです。1万通貨の取引だと340万円の利益が得られていた計算になります。

設定を調整すれば利益は大きくなる

ループ・イフダンはほったらかしでも利益が狙えるのが魅力ですが、相場の大きな流れを把握して、場合によっては設定を変えることで利益を大きくすることができます。

たとえば、ファンダメンタルズが強く上昇が期待できる通貨では値幅を小さくしたり、取引数量を増やすなどして高収益を狙うのがよいでしょう。

具体例で説明すると、2015年5月現在、為替相場は強い円安の流れが続いていますから、ドル高の流れは当分続くと考えていいでしょう。つまり、ドル/円にとっては、買い要因です。アメリカ以外の国も徐々にアメリカに引き上げられる形で景気回復に向かうと考えます。ユーロ/円や豪ドル/円、ポンド/円も少しずつ上がっていくでしょう。

現在のドル/円相場は1ドル＝121円付近です。非常に強い流れが出ている状態なので短期的には

七瀬さんのループ・イフダンの設定と利益は？

設定

利用している通貨ペア&システム	ドル／円　B15−15（買い） 豪ドル／円　B40−40（買い）
最大ポジション数	ドル／円 20 本 豪ドル／円 50 本
重複レート発注機能	オフ

利益

通算利益	3万4087pips （1万通貨あたり340万円の利益）

※2014年4月21日から10月6日、12月1日から現在はドル円B15を稼働。10月6日から12月1日、12月16日から17日、1月7日、12日から2月20日はドル円B25も稼働。最大ポジション数20。重複レート発注機能オフ。ドル円B25（最大ポジション数20）はドル円B15が最大ポジション数になったときに稼働させている。

（年末あたりまでを想定）下落したとしても節目である１１５円までだと考えられます。

数カ月単位で見ても１１０円を割る可能性は低く、またそこまで下落する前には下落トレンドに変化したことを事前に察知でき、そのタイミングでループ・イフダンを停止するなどの対応を取ればよいと思われます。

過去に１１０円から１０５円まで調整したことがありましたが、今後調整が起きたとしても、やはり５円程度でしょうし、１１５円や１１０円などの区切りのいい数字で反発する可能性が高いです。値幅を小さくしたり、取引数量を増やすなどして高収益を狙うのがよいでしょう。

実践集①
七瀬 玲 編

ループ・イフダンの基本戦略

値幅を大きくしてほったらかしにするのも一つの方法だが、利益を大きくしつつリスクをコントロールするには、状況に応じて設定を変えるのがポイント。

現在のような強気相場の戦略（P62参照）でループ・イフダンを設定する場合「値幅を小さくする」というのがひとつの手法です。たとえば、ドル／円の買15のシステムで最大ポジション数を40に設定します（取引数量1０００通貨）。値幅が15でポジション数が40ということは、15銭×40で6円の値動きまではループ・イフダンが機能することになります。

これは、今後の調整が5円程度であると見込み、最大ポジション数でカバーする範囲（取引レンジ）を6円に設定するという戦略です。6円以上の下落をする場合には、上昇トレンドが終了した可能性があるので、そのようなときはいったんループ・イフダンを止めて様子見をしたり、設定を見直すよいタイミングと考えられます。

最大ポジション数を減らし取引数量を増やす方法も

最大ポジション数を少なくするという方法もあります。取引レンジは狭くなりますが、損失が小さくなるので、取引数量を増やすことができます。たとえばドル／円で買15のシステムで最大ポジション数を20にすれば、取引レンジは3円となり、前述の戦略の2分の1の取引レンジになるので、取引数量を2０００通貨にすることができます。

また、最初のシステムの最大ポジション数を小さくしておき、最大ポジション数を超えて下落した場合には、値幅の異なるループ・イフダンを追加する戦略も有効です。これにより最大ポジション数を抑えることができ、そのまま下落を続けるか反発するかを様子見しつつ稼ぐことが

ループ・イフダンの基本戦略は？

基本戦略

ドル／円　買15で最大ポジションを40にすると……

↓

ループ・イフダンの範囲　15銭×40本=6円

↓

取引数量を1000通貨に設定

最大ポジション数を減らす戦略

基本戦略の最大ポジション数を40→20に変更

↓

ループ・イフダンの範囲　15銭×20本=3円

↓

取引数量を2000通貨に設定

できるのです。

前述のように最初からポジション数40、値幅15にすると取引レンジは6円ですが、値幅15と25を併用することで取引レンジをさらに広げることができます。すべてを値幅15にするときより、高値でのポジションが少なくなるため、下落時の損失も小さくなります。

安全重視なら大きめの値幅のシステムを利用

もし、安全性重視で戦略を考えるのであれば、最初から大きめの値幅（ドル／円買25、最大ポジション数40など）にして10円の下落まで利益化できるようにしておくのもよいでしょう。

実践集①
七瀬 玲 編

安値でスタートする戦略

取引レンジの下のほうでループ・イフダンをスタートさせるのであれば取引数量を大きくして、為替レートが上がったら数量を減らす。

私がお勧めする戦略は、値動きのレンジを想定したうえで最大ポジション数を設定し、決済利益を得られる範囲（取引レンジ）を決めてからシステムを稼働させるというものです。また、「ここまで下がったら損切りする」というレート（損切りレート）も事前に決めておきます。

スタート時点の為替レートが取引レンジ内のどこにあるかによって、とるべき戦略も変わってきます。

現在レートが取引レンジ下限～中程にあるときにシステムをスタートさせる場合（図の●印の位置）は、損切りレートまでの幅が小さく、そこまで下落したときの損失も小さいので、取引数量を多め（値幅小さめでも可）にすることができます。その後、レンジ中程に近づいたら下落時の損失を考慮して取引数量を減らしていきます。たとえば、ドル／円が101円のときに、取引レンジ下限を100円として、ドル／円の買15を取引数量3000ドルで稼働させ、ドル／円が110円になった時点で2000ドルに変更、さらにドル／円が120円を超えたら1000ドルにするような方法です。

値幅の異なる複数のシステムを稼働する方法も

取引数量を多くする代わりに、為替レートが取引レンジの下限～中程を推移しているときのみ、値幅の異なるシステムを複数稼働させる方法もよいでしょう。

たとえば、ドル／円が101円のときに、ドル／円の買15と25をそれぞれ取引数量1000ドルで稼働させ、ドル／円が110円になった時点でドル／円の買25をストップして、買15（取引数量1000ドル）

現在の相場が取引レンジ下限から中程のときの戦略

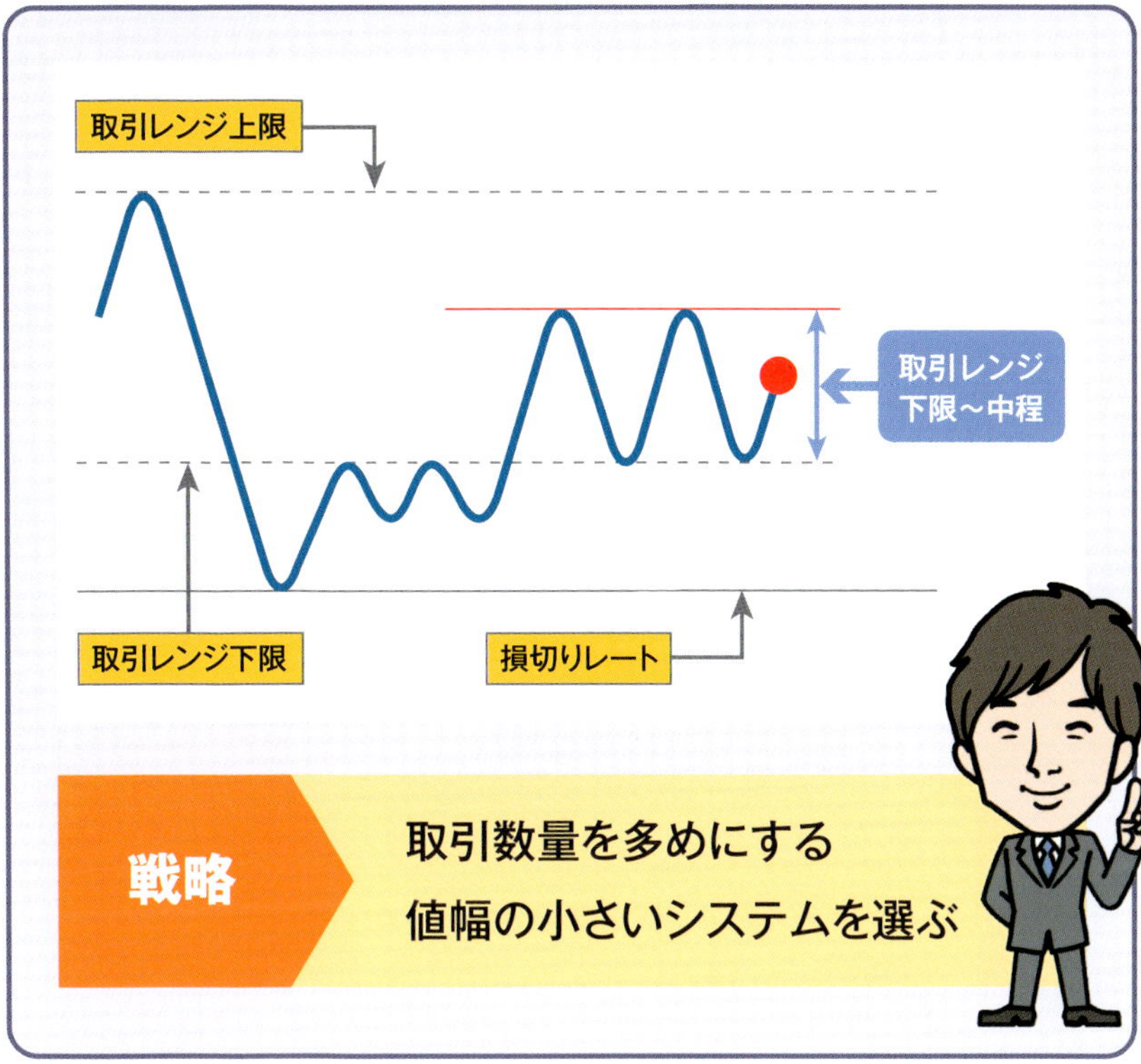

だけに変更するような方法です。

また、上昇トレンドで下落幅が小さく、これから高値を更新することが見込まれる場合にも、この戦略が有効です。

ただし、次のことには注意が必要です。レンジの下限に近いため、そこを下抜けする確率が高くなります。その場合、最初から取引数量を小さくしたときと比べるとレンジを下抜けしたときの損失が大きくなります。

また、取引レンジの中程まで上がってくると、反転する可能性が高くなりますので、取引数量が多いとリスクも高くなります。必ず取引数量を減らすことを忘れないようにしてください。

実践集①
七瀬 玲 編

高値でスタートする戦略

取引レンジの上のほうでスタートすると、損切りラインまで遠く損失が拡大する可能性があるので、取引数量を少なくする。

現在レートが取引レンジの中程〜上限にあるとき、もうこれ以上は上がらないと思うときには、どうすればいいでしょうか。

為替レートが左ページの図の●印の位置にあるような、レンジ上限付近でシステムをスタートさせる場合には、損切りレートまでの幅が大きくなります。仮に相場が円高方向に触れて、損切りレートまで下がってしまった場合、損失が拡大してしまいます。そのリスクを抑えるためには、取引数量を少なめにする、あるいは値幅の大きいシステムを選んでおくと、為替レートが下落したときの損失を抑えることができます。

両建ても有効だがリスク管理は難しい

もし、「取引レンジの上限を抜けることはない」という強い自信があるなら、売りのシステムを追加して両建てにすることによって利益を増やす方法もあります。ただし、両建てのループ・イフダンは、ややリスク管理が難しくなるので、あまりお勧めはしません。それでも両建てをする場合は私のブログの「両建てループ・イフダンまとめ」を参考にすることを強く推奨します。

取引レンジの中でも中程〜上限にいる時間が長いと思う場合や近々上に抜ける可能性が高いと思う場合は、あえて取引レンジを狭くして、取引数量を増やす（取引レンジ下限を捨てる）などの設定をするのもよいでしょう。取引レンジを狭くしても、取引数量を増やすことによって、全範囲をカバーする設定のときよりも、かえって利益が大きくなる可能性もあります。

為替レートが上昇していく場合、

現在の相場が取引レンジ中程から上限のときの戦略

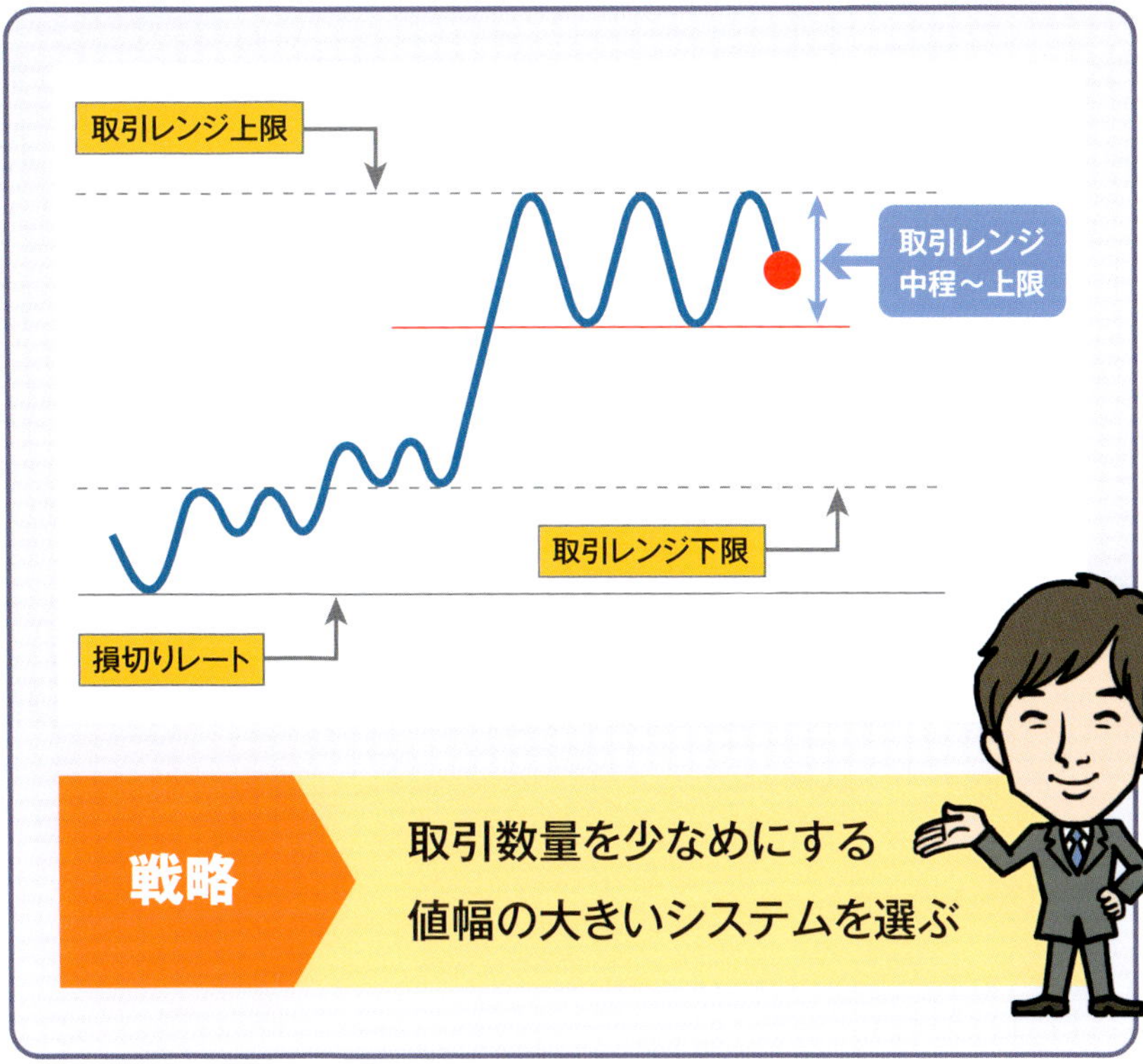

どこまで上がるかを予想するのは難しいので、高値を更新したら設定を見直すという方針もいいでしょう。

強気相場が終わったときには、ループ・イフダンを停止させなければなりません。常に含み損を抱えているので、停止のタイミングは重要です。いつ停止させるのがよいかはP74で詳しく紹介します。

上げ相場が終わったかどうかの判断は、「大きな下落材料が出た」、あるいは「トレンドラインなどのテクニカル」で確認するのがよいでしょう。下落しても将来的には「またいまの水準に戻す」という相場観を持つなら資金や取引レンジに余裕を持たせ、ロスカットされないようにして放置という戦略も可能です。

実践集①
七瀬 玲 編

高値更新時の対処法

ループ・イフダンの稼働中に高値を更新すると、下落時の損失が増える。資金を増やす、取引数量を減らすなど、リスク管理が重要だ。

ループ・イフダンでは、為替レートが下落するときにポジションが増えます。そして、下落するほどに、各ポジションの損失も膨らみます。下落時の損失は「下落幅（システム稼働後の高値と現在レートの差）」に応じて大きくなるので、システム稼働前に、どこまで下落したら損切りするかを想定しておくことが重要です。

また、稼働後も高値更新すると、損切りレートまでの幅が広がり、そこまで下落したときの損失が大きくなるので注意が必要です。

システムの停止や切り替えも検討を

よって、高値更新をした場合は、リスクが高くなることをよく認識して、下落時損失を再確認し、次のような対処法を考える必要があります。

〈高値更新時の対処法〉

① 資金を増やす。
② 取引数量を減らす。
③ 最大ポジション数を減らす。
④ 値幅を大きくする。
⑤ 相場観を変え、損切りレートを変える。

これらの対処法を実行することにより下落時の損失にも対応できるようになります。

また、高値更新時はシステム稼働時に想定していたときとは相場状況が変わっていることが多いので、当初の損切りレートまで下落する可能性が低く、損切りレートを考え直すほうがよい場合があります。

為替レートがこれ以上は上がらないと考えるなら、システムを停止したり、売りシステムに切り替えるのも有効です。

高値更新時の戦略・リスク管理

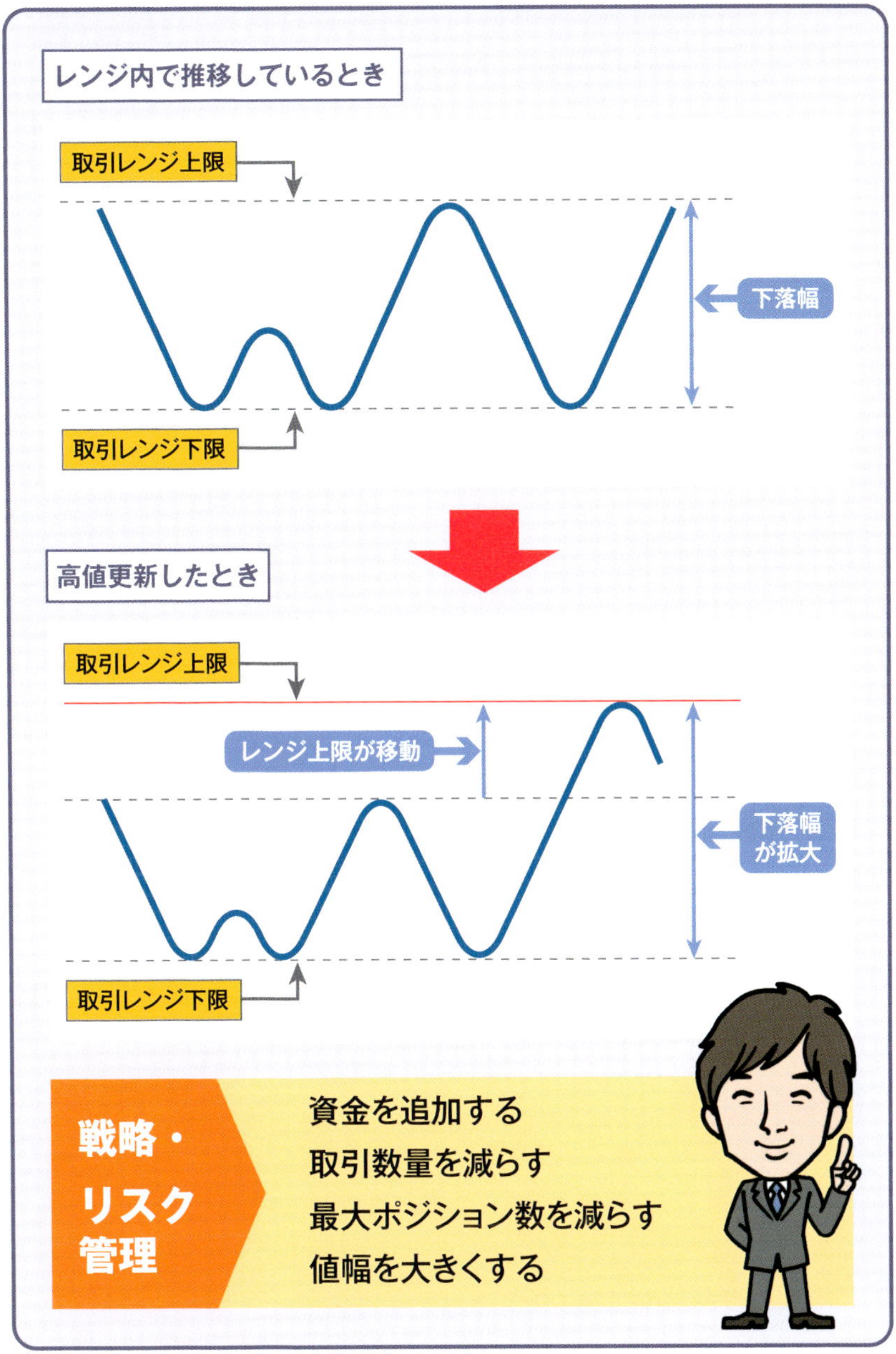

実践集①
七瀬 玲 編

重複レート発注機能に注意

ループ・イフダンの重複レート発注機能は利益を増やす効果はあるものの、保有ポジションが増え、リスクも大幅に増大する。

ループ・イフダンには、重複レート発注機能があります。

ある為替レートに決済していないポジションがあったとしても、再びそのレートになると重複してポジションを保有する機能です（左ページの図参照）。

ポジション数は4～6倍になる

この機能がオンのときとオフのときで、ポジション数や利益がどれほど変わるかを半年ほど検証し、十分なデータが得られました。その結果、ポジション数は概ね4～6倍となり、10倍を超えることもあることがわかりました。これでは、リスク管理が非常に難しくなってしまいます。

利益が増えるがリスクも増える

レンジ上限のポジションはなかなか決済されないので、重複レート発注機能によりポジション数が増えたままになってしまいます。通常、レンジ上限は超えるのが難しい壁であり、下落するリスクが高いため、あえてレンジ上限にポジションを増やすという戦略が合理的とは思えません。取引回数を増やしたいなら自分で取引数量を増やしたほうがよいです。それでも利用したいという場合には、必ず最大ポジション数を設定するなど、リスク管理を徹底するようにしてください。

また、アイネット証券のサイトに掲載されている利益ランキングやシステムに表示される「期間損益」は、この機能がオンのときのデータなので、オフにした場合の真の利益は私のブログで確認してください。

重複レート発注機能とは？

重複レート発注機能をオフにした場合

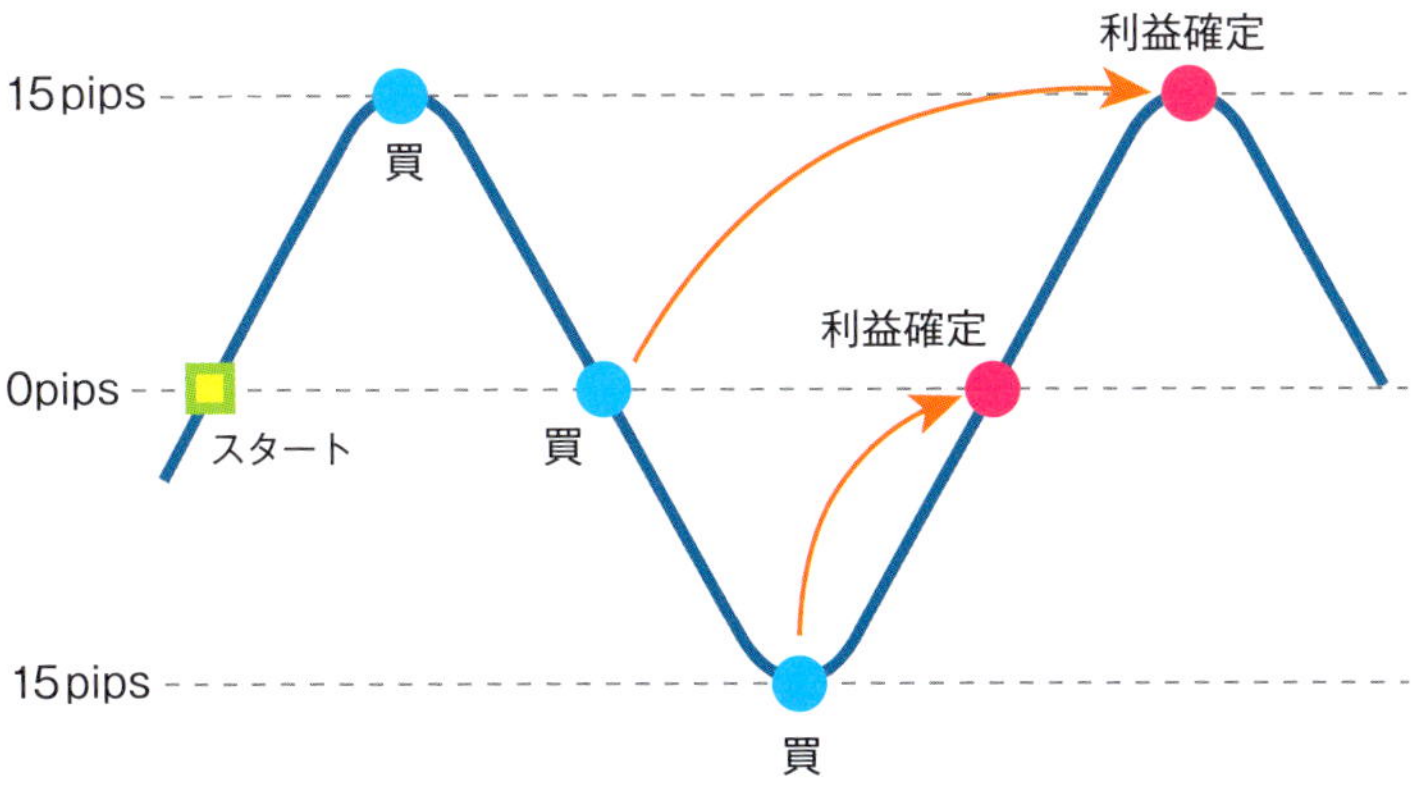

重複レート発注機能をオンにした場合

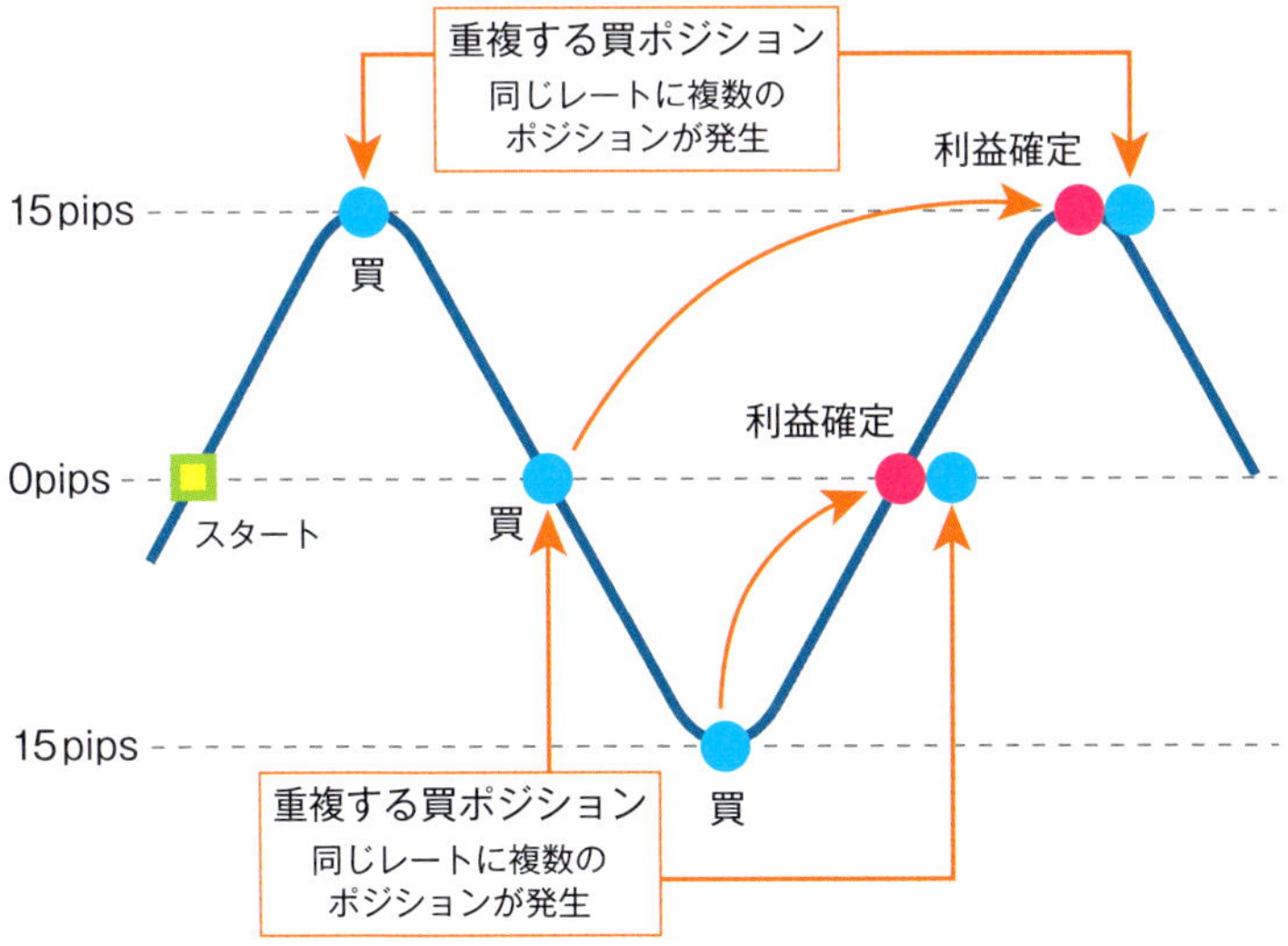

実践集①
七瀬 玲 編

システムを止めるタイミングは？

「買い」のシステムを利用するなら、為替レートが高値を更新したときが最も損失を少なくしてシステムを止めるチャンス。

ループ・イフダンでは、基本的には下落時にポジションを取るため、高値更新をしたとき以外は、ほとんど含み損を抱えることになります。これは悪いことではありません。含み損を抱えるからこそ、コンスタントに利益を出せるのであり、これがループ・イフダンの強みです。

問題はシステムを止めるときです。ループ・イフダンの場合、新規注文だけをストップして、残ったポジションが利益確定をするのを待つことはできません。システムを止める場合には、保有ポジションもすべて決済して損失を確定することになります。

そこで、システム停止の理想的なタイミングを紹介します。

高値付近でシステムを止めると損失が少ない

含み損などの詳しい計算方法などはブログで紹介していますが、ループ・イフダンは常に含み損を抱えながら利益を狙っていきます。損失を少なくしつつ、システムを停止させる最適なタイミングは、為替レートがシステム稼働後の最高値に近いときということになります。

高値更新したときに「もうこれ以上は上がらない」と考えるなら、システムいったん停止させることを検討するのもよいでしょう。

逆に為替レートが高値に近付かない場合には、長期保有でスワップポイントを稼ぎ、プラスに転じるのを待つ戦略も可能です。豪ドル／円のようにスワップポイントが大きい通貨では、こうした戦略が特に有効です。ただし、長期に見ても上がる要因がないときには思い切って損切りをする判断も必要です。

ループ・イフダンを停止するときのポイント

ループ・イフダン稼働中

↓

システムを停止したい

↓

すべてのポジションを決済することになる

↓

ベストのタイミングは高値を更新したとき!

↓

為替レートが高値に近付かないときには?

長期保有で
スワップを稼ぎ
プラスに転じるのを
待つ方法も

実践集①
七瀬 玲 編

目安資金を見極める方法

ループ・イフダンを始める際の必要資金は、システムの値幅や最大ポジション数によって変わる。簡単に必要資金を把握できる早見表を紹介。

これからループ・イフダンを始める人にとって、目安資金（必要資金）は判断しにくいと思いますので、ここで詳しく説明しましょう。基本的な考え方としては、為替レートが下落したときにロスカットされないだけの証拠金を入れておくということになります。

目安資金は下落時の損失と取引証拠金の合計

●目安資金＝下落時損失＋取引証拠金

取引証拠金はロスカットされても戻ってきますが、下落時損失は戻ってこないので、下落時損失が特に重要です。

下落時損失と取引証拠金は最大ポジション数や値幅等により決まります。計算は難しいので次ページ以降で紹介します。

ただし、「相場に絶対はない」ので、目安資金よりも余裕を持たせておいたほうがよいでしょう。

下落時損失も取引証拠金もポジション数に大きく左右されるので、最大ポジション数を設定することで目安資金を小さくすることができます。

最大ポジション数に達し、さらに下落した状態では、決済利益は得られませんが、スワップポイントは得られるので、為替レートが回復するまではスワップポイントで我慢するという戦略も成り立ちます。

最大ポジション数による含み損の額を確認しよう

では、表の見方を紹介します。（P78～）「下落幅」は、システム稼働後の為替レートの下落幅です。ポジション数は、その時点の保有ポジション数です。そして、最大ポジション数の設定によって、どの程度の含み損が発生するのかを表にしています。たとえば、「ドル／円　15」のシステムを稼働後に為替レートが6円下落した場合にはどうなるでしょう。

　最大ポジション数を10に設定した場合には、含み損は5万１７５０円となります。表のピンクの部分は新規注文が行なわれ、ポジションが増える範囲です。白の部分は、ポジション数が設定限度に到達したため、ポジション数は増えずに、すでに保有しているポジションの含み損が広がっていく部分です。最大ポジション数を10に設定したケースでは、下落幅が1円50銭までは、保有ポジションが増えますが、それ以降は保有ポジションが変わらないことを意味します。

含み損の額を参考に目安資金を判断する

　また、表の青の部分は、含み損が１００万円を超えたラインを示しています。最大ポジション数を１００に設定し、下落幅が18円になると、含み損が１００万円を超えることがわかります。参考までに最大ポジション数を設定しない場合の含み損の金額も掲載しています。

　目安資金を判断する際には、この含み損の額を参考にします。たとえば、「ドル／円　15」のシステムで最大ポジション数を50に設定したとき、システム稼働後の下落幅を15円と考えるのであれば、含み損は約56万円まで広がる可能性があります。それでもロスカットされないためには、含み損の額に取引証拠金を加えた金額を証拠金として預けておく必要があります。

　取引証拠金は、為替レートによっても変わりますが、ドル／円の１０００通貨で取引証拠金が５０００円とすると、50ポジションで25万円となります。先ほどの含み損と合わせて、約81万円の証拠金が必要ということになります。

　下落時のレートも考慮した取引証拠金や最大ポジション数ごとの目安資金を紹介しているのは私のブログだけなので参考にしてください。

最大ポジション数の設定による含み損の額

■ドル／円　15

下落幅	ポジション数	最大ポジション数の設定						最大設定なし
		10	20	30	40	50	100	
0.0	0	0	0	0	0	0	0	0
-1.5	10	6,750	6,750	6,750	6,750	6,750	6,750	6,750
-3.0	20	21,750	28,500	28,500	28,500	28,500	28,500	28,500
-4.5	30	36,750	58,500	65,250	65,250	65,250	65,250	65,250
-6.0	40	51,750	88,500	110,250	117,000	117,000	117,000	117,000
-7.5	50	66,750	118,500	155,250	177,000	183,750	183,750	183,750
-9.0	60	81,750	148,500	200,250	237,000	258,750	265,500	265,500
-10.5	70	96,750	178,500	245,250	297,000	333,750	362,250	362,250
-12.0	80	111,750	208,500	290,250	357,000	408,750	474,000	474,000
-13.5	90	126,750	238,500	335,250	417,000	483,750	600,750	600,750
-15.0	100	141,750	268,500	380,250	477,000	558,750	742,500	742,500
-16.5	110	156,750	298,500	425,250	537,000	633,750	892,500	899,250
-18.0	120	171,750	328,500	470,250	597,000	708,750	1,042,500	1,071,000

■ドル／円　50

下落幅	ポジション数	最大ポジション数の設定						最大設定なし
		10	20	30	40	50	100	
0.0	0	0	0	0	0	0	0	0
-5.0	10	22,500	22,500	22,500	22,500	22,500	22,500	22,500
-10.0	20	72,500	95,000	95,000	95,000	95,000	95,000	95,000
-15.0	30	122,500	195,000	217,500	217,500	217,500	217,500	217,500
-20.0	40	172,500	295,000	367,500	390,000	390,000	390,000	390,000
-25.0	50	222,500	395,000	517,500	590,000	612,500	612,500	612,500
-30.0	60	272,500	495,000	667,500	790,000	862,500	885,000	885,000
-35.0	70	322,500	595,000	817,500	990,000	1,112,500	1,207,500	1,207,500
-40.0	80	372,500	695,000	967,500	1,190,000	1,362,500	1,580,000	1,580,000
-45.0	90	422,500	795,000	1,117,500	1,390,000	1,612,500	2,002,500	2,002,500
-50.0	100	472,500	895,000	1,267,500	1,590,000	1,862,500	2,475,000	2,475,000
-55.0	110	522,500	995,000	1,417,500	1,790,000	2,112,500	2,975,000	2,997,500
-60.0	120	572,500	1,095,000	1,567,500	1,990,000	2,362,500	3,475,000	3,570,000
-65.0	130	622,500	1,195,000	1,717,500	2,190,000	2,612,500	3,975,000	4,192,500
-70.0	140	672,500	1,295,000	1,867,500	2,390,000	2,862,500	4,475,000	4,865,000
-75.0	150	722,500	1,395,000	2,017,500	2,590,000	3,112,500	4,975,000	5,587,500

データ：ドル／円＝http://loop-ifdone.blog.jp/archives/1015215133.html

※含み損の額は 1000 通貨単位の取引の場合　※最大設定なしは、最大ポジションを設定しなかった場合

（ピンク）は、最大ポジション数に達していないため、新規注文が行なわれる

（ブルー）は、含み損が 100 万円を超えたライン

最大ポジション数の設定による含み損の額

■ユーロ／円 40

下落幅	ポジション数	最大ポジション数の設定						最大設定なし
		10	20	30	40	50	100	
0.0	0	0	0	0	0	0	0	0
-4.0	10	18,000	18,000	18,000	18,000	18,000	18,000	18,000
-8.0	20	58,000	76,000	76,000	76,000	76,000	76,000	76,000
-12.0	30	98,000	156,000	174,000	174,000	174,000	174,000	174,000
-16.0	40	138,000	236,000	294,000	312,000	312,000	312,000	312,000
-20.0	50	178,000	316,000	414,000	472,000	490,000	490,000	490,000
-24.0	60	218,000	396,000	534,000	632,000	690,000	708,000	708,000
-28.0	70	258,000	476,000	654,000	792,000	890,000	966,000	966,000
-32.0	80	298,000	556,000	774,000	952,000	1,090,000	1,264,000	1,264,000
-36.0	90	338,000	636,000	894,000	1,112,000	1,290,000	1,602,000	1,602,000
-40.0	100	378,000	716,000	1,014,000	1,272,000	1,490,000	1,980,000	1,980,000
-44.0	110	418,000	796,000	1,134,000	1,432,000	1,690,000	2,380,000	2,398,000
-48.0	120	458,000	876,000	1,254,000	1,592,000	1,890,000	2,780,000	2,856,000

■ユーロ／円 80

下落幅	ポジション数	最大ポジション数の設定						最大設定なし
		10	20	30	40	50	100	
0.0	0	0	0	0	0	0	0	0
-4.0	5	8,000	8,000	8,000	8,000	8,000	8,000	8,000
-8.0	10	36,000	36,000	36,000	36,000	36,000	36,000	36,000
-12.0	15	76,000	84,000	84,000	84,000	84,000	84,000	84,000
-16.0	20	116,000	152,000	152,000	152,000	152,000	152,000	152,000
-20.0	25	156,000	232,000	240,000	240,000	240,000	240,000	240,000
-24.0	30	196,000	312,000	348,000	348,000	348,000	348,000	348,000
-28.0	35	236,000	392,000	468,000	476,000	476,000	476,000	476,000
-32.0	40	276,000	472,000	588,000	624,000	624,000	624,000	624,000
-36.0	45	316,000	552,000	708,000	784,000	792,000	792,000	792,000
-40.0	50	356,000	632,000	828,000	944,000	980,000	980,000	980,000
-44.0	55	396,000	712,000	948,000	1,104,000	1,180,000	1,188,000	1,188,000
-48.0	60	436,000	792,000	1,068,000	1,264,000	1,380,000	1,416,000	1,416,000

データ：ユーロ／円=http://loop-ifdone.blog.jp/archives/1015317194.html

※含み損の額は 1000 通貨単位の取引の場合　※最大設定なしは、最大ポジションを設定しなかった場合

（ピンク）は、最大ポジション数に達していないため、新規注文が行なわれる

（水色）は、含み損が 100 万円を超えたライン

最大ポジション数の設定による含み損の額

■ポンド／円　50

下落幅	ポジション数	最大ポジション数の設定 10	20	30	40	50	100	最大設定なし
0.0	0	0	0	0	0	0	0	0
-5.0	10	22,500	22,500	22,500	22,500	22,500	22,500	22,500
-10.0	20	72,500	95,000	95,000	95,000	95,000	95,000	95,000
-15.0	30	122,500	195,000	217,500	217,500	217,500	217,500	217,500
-20.0	40	172,500	295,000	367,500	390,000	390,000	390,000	390,000
-25.0	50	222,500	395,000	517,500	590,000	612,500	612,500	612,500
-30.0	60	272,500	495,000	667,500	790,000	862,500	885,000	885,000
-35.0	70	322,500	595,000	817,500	990,000	1,112,500	1,207,500	1,207,500
-40.0	80	372,500	695,000	967,500	1,190,000	1,362,500	1,580,000	1,580,000
-45.0	90	422,500	795,000	1,117,500	1,390,000	1,612,500	2,002,500	2,002,500
-50.0	100	472,500	895,000	1,267,500	1,590,000	1,862,500	2,475,000	2,475,000
-55.0	110	522,500	995,000	1,417,500	1,790,000	2,112,500	2,975,000	2,997,500
-60.0	120	572,500	1,095,000	1,567,500	1,990,000	2,362,500	3,475,000	3,570,000
-65.0	130	622,500	1,195,000	1,717,500	2,190,000	2,612,500	3,975,000	4,192,500
-70.0	140	672,500	1,295,000	1,867,500	2,390,000	2,862,500	4,475,000	4,865,000
-75.0	150	722,500	1,395,000	2,017,500	2,590,000	3,112,500	4,975,000	5,587,500

■ポンド／円　100

下落幅	ポジション数	最大ポジション数の設定 10	20	30	40	50	100	最大設定なし
0.0	0	0	0	0	0	0	0	0
-5.0	5	10,000	10,000	10,000	10,000	10,000	10,000	10,000
-10.0	10	45,000	45,000	45,000	45,000	45,000	45,000	45,000
-15.0	15	95,000	105,000	105,000	105,000	105,000	105,000	105,000
-20.0	20	145,000	190,000	190,000	190,000	190,000	190,000	190,000
-25.0	25	195,000	290,000	300,000	300,000	300,000	300,000	300,000
-30.0	30	245,000	390,000	435,000	435,000	435,000	435,000	435,000
-35.0	35	295,000	490,000	585,000	595,000	595,000	595,000	595,000
-40.0	40	345,000	590,000	735,000	780,000	780,000	780,000	780,000
-45.0	45	395,000	690,000	885,000	980,000	990,000	990,000	990,000
-50.0	50	445,000	790,000	1,035,000	1,180,000	1,225,000	1,225,000	1,225,000
-55.0	55	495,000	890,000	1,185,000	1,380,000	1,475,000	1,485,000	1,485,000
-60.0	60	545,000	990,000	1,335,000	1,580,000	1,725,000	1,770,000	1,770,000

データ：ポンド／円＝http://loop-ifdone.blog.jp/archives/1015317769.html

※含み損の額は 1000 通貨単位の取引の場合　※最大設定なしは、最大ポジションを設定しなかった場合

（ピンク）は、最大ポジション数に達していないため、新規注文が行なわれる

（青）は、含み損が 100 万円を超えたライン

最大ポジション数の設定による含み損の額

■豪ドル／円　20

下落幅	ポジション数	最大ポジション数の設定						最大設定なし
		10	20	30	40	50	100	
0.0	0	0	0	0	0	0	0	0
-2.0	10	9,000	9,000	9,000	9,000	9,000	9,000	9,000
-4.0	20	29,000	38,000	38,000	38,000	38,000	38,000	38,000
-6.0	30	49,000	78,000	87,000	87,000	87,000	87,000	87,000
-8.0	40	69,000	118,000	147,000	156,000	156,000	156,000	156,000
-10.0	50	89,000	158,000	207,000	236,000	245,000	245,000	245,000
-12.0	60	109,000	198,000	267,000	316,000	345,000	354,000	354,000
-14.0	70	129,000	238,000	327,000	396,000	445,000	483,000	483,000
-16.0	80	149,000	278,000	387,000	476,000	545,000	632,000	632,000
-18.0	90	169,000	318,000	447,000	556,000	645,000	801,000	801,000
-20.0	100	189,000	358,000	507,000	636,000	745,000	990,000	990,000
-22.0	110	209,000	398,000	567,000	716,000	845,000	1,190,000	1,199,000
-24.0	120	229,000	438,000	627,000	796,000	945,000	1,390,000	1,428,000
-26.0	130	249,000	478,000	687,000	876,000	1,045,000	1,590,000	1,677,000
-28.0	140	269,000	518,000	747,000	956,000	1,145,000	1,790,000	1,946,000
-30.0	150	289,000	558,000	807,000	1,036,000	1,245,000	1,990,000	2,235,000

■豪ドル／円　80

下落幅	ポジション数	最大ポジション数の設定						最大設定なし
		10	20	30	40	50	100	
0.0	0	0	0	0	0	0	0	0
-4.0	5	8,000	8,000	8,000	8,000	8,000	8,000	8,000
-8.0	10	36,000	36,000	36,000	36,000	36,000	36,000	36,000
-12.0	15	76,000	84,000	84,000	84,000	84,000	84,000	84,000
-16.0	20	116,000	152,000	152,000	152,000	152,000	152,000	152,000
-20.0	25	156,000	232,000	240,000	240,000	240,000	240,000	240,000
-24.0	30	196,000	312,000	348,000	348,000	348,000	348,000	348,000
-28.0	35	236,000	392,000	468,000	476,000	476,000	476,000	476,000
-32.0	40	276,000	472,000	588,000	624,000	624,000	624,000	624,000
-36.0	45	316,000	552,000	708,000	784,000	792,000	792,000	792,000
-40.0	50	356,000	632,000	828,000	944,000	980,000	980,000	980,000
-44.0	55	396,000	712,000	948,000	1,104,000	1,180,000	1,188,000	1,188,000
-48.0	60	436,000	792,000	1,068,000	1,264,000	1,380,000	1,416,000	1,416,000

データ：豪ドル／円 http://loop-ifdone.blog.jp/archives/1015316536.html

※含み損の額は 1000 通貨単位の取引の場合　※最大設定なしは、最大ポジションを設定しなかった場合

（ピンク）は、最大ポジション数に達していないため、新規注文が行なわれる

（水色）は、含み損が 100 万円を超えたライン

実践集①
七瀬 玲 編

リスク管理ツールを活用しよう

ループ・イフダンには、リスク管理ツール「マイセーフティ」が用意されている。このツールを利用して損失の上限を決めておけば安心だ。

ループ・イフダンでは、リスク管理ツール「マイセーフティ」が利用できます。

「マイセーフティ」とは、全システムの合計損失の上限を設定できる機能です。損失の合計が設定した金額に達した時点ですべてのシステムが強制的に決済されます。システムごとやポジションごとではなく、稼働しているシステムをすべて停止し、全ポジションが決済されます。

損切りは自分で行なうのが原則ですが、この機能を使ってもしものときに備えるのはよいことだと思います。長期間ほったらかしにしてしまった場合でも、この機能が働いていれば、相場の急変時にも想定以上の損失を抱えなくてすみます。頻繁に相場をチェックできない会社員には特に有効でしょう。

「マイセーフティ」の設定方法は？

「マイセーフティ」の設定をするには、ループ・イフダンにログインしてメニューから［運用情報］をクリックします。次に［登録情報］をクリックします。［マイセーフティを変更］をクリック。マイセーフティを「有効」にして、強制決済を行なう金額を入力します。［ＯＫ］をクリックすれば設定完了です。

以降は損失が設定した金額に達した場合には、すべてのシステムが強制決済されます。

各システムや各ポジションを自分で決済することはいつでも可能です。ただ、システムを停止させるとそのシステムが持つすべてのポジションが決済されるので注意が必要です。決済は、すべて成行注文で行なわれます。相場が大きく変動して

マイセーフティの設定方法

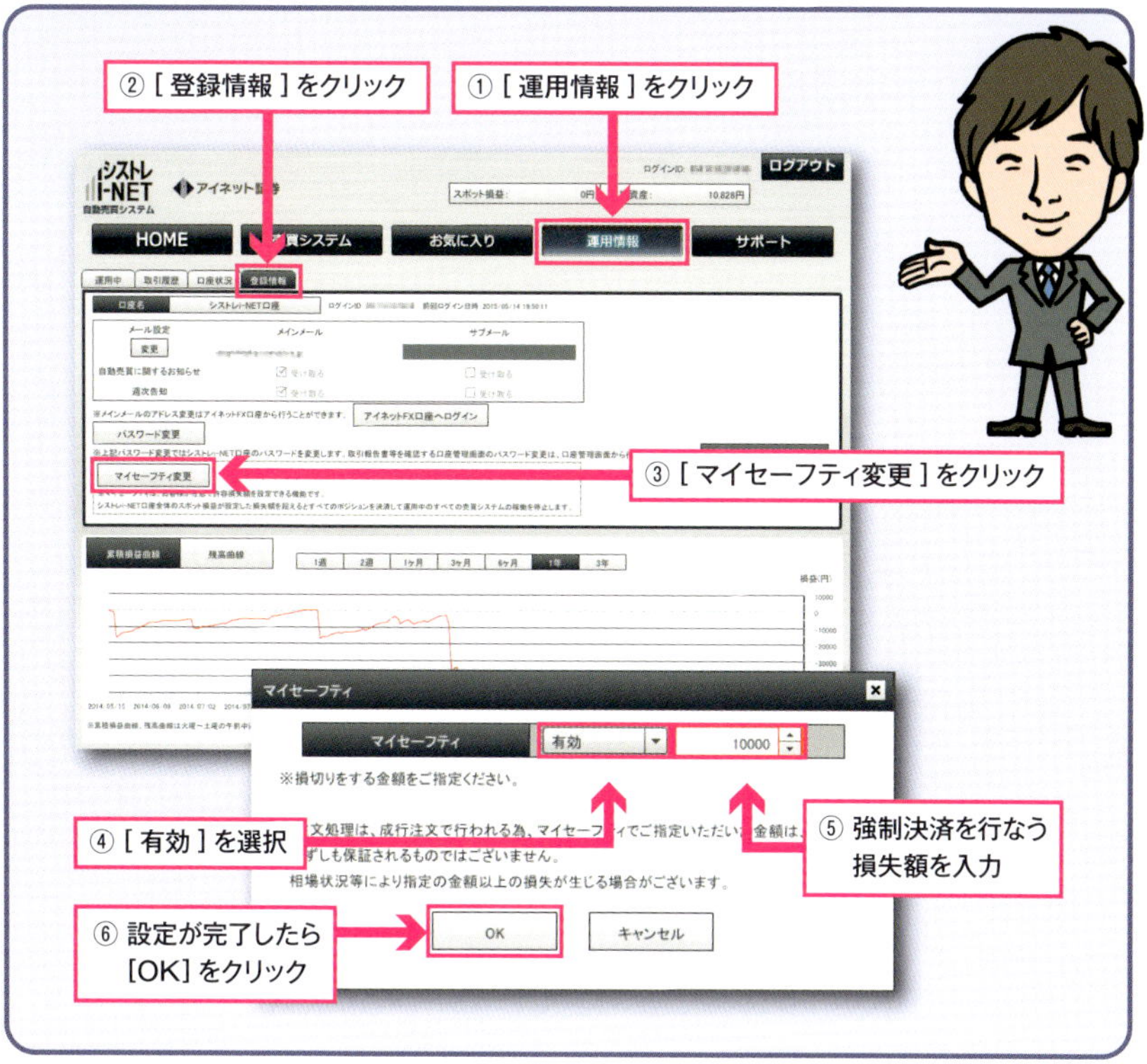

いるときに決済を実行すると、思っていた為替レートとはかけ離れた為替レートで決済してしまうこともありますので注意してください。

手動でシステムを停止する方法は？

手動でシステムを停止する場合には、ループ・イフダンにログインし、「運用情報」をクリック、システムの「ＳＴＯＰ」をクリックします。ポジションごとに決済をする場合には、ログイン後の画面で「運用情報」をクリックし「運用中」をクリックし、保有ポジションの「確認」をクリック、決済したいポジションの右の「決済」をクリックします。これで完了です。

実践集①
七瀬 玲 編

真の利益を確認しよう

ループ・イフダンを稼働した際に実際に得られる可能性が高い「真の利益」。通貨ペア別の「真の利益」を公開しよう。

アイネット証券のサイトで公表されている利益ランキングなどは、重複レート発注機能がオンになっている状態の数値であることは紹介しました。実際にループ・イフダンを稼働させる際には、オフにしたほうがリスク管理はしやすいので、その場合の損益がどうなるのかを検証しました。私はこれを「真の利益」と呼んでいます。

また、同じ連続発注機能を提供しているM社のシステムと比較して損益がどうなのかも検証しました。

検証は過去10年間の為替レートを使って行ないました。左ページはドル／円15－15のシステムの検証結果ですが、ループ・イフダンで買いのシステムを利用した場合（1000通貨）、年平均利益は約29万円となりました。

ループ・イフダンの圧倒的優位性を確認

ループ・イフダンでは取引手数料はかかりませんが、M社では10pips分もかかるので、それを除いたM社の年平均利益は約23万円であり、ループ・イフダンの利益のほうが27％も大きいです。

これはドル／円の他のシステムや他の通貨ペアでも同じ傾向であり、11～78％もの利益差になります。このように検証をして見ると、ループ・イフダンは他社の自動発注機能と比較しても優位性が高いです。詳しい真の利益はブログを参照してください。

私のブログから口座開設をするともらえるレポート「ループ・イフダン攻略法」にもループ・イフダンのテクニック等が詳しく書いてあるのでぜひゲットしてください！

ドル／円15-15のバックテスト結果（1000通貨単位の場合）

年度		ループ･イフダン利益	M社利益(手数料引いた後)	M社手数料	ループ･イフダン決済回数	M社決済回数
2004	買	280,050	221,390	34,060	1,867	1,703
	売	285,900	226,850	34,900	1,906	1,745
2005	買	225,750	179,920	27,680	1,505	1,384
	売	210,450	169,910	26,140	1,403	1,307
2006	買	248,850	197,990	30,460	1,659	1,523
	売	249,150	200,330	30,820	1,661	1,541
2007	買	294,300	234,000	36,000	1,962	1,800
	売	304,050	244,660	37,640	2,027	1,882
2008	買	610,050	494,130	76,020	4,067	3,801
	売	631,200	513,240	78,960	4,208	3,948
2009	買	407,250	325,260	50,040	2,715	2,502
	売	405,900	327,730	50,420	2,706	2,521
2010	買	229,500	180,570	27,780	1,530	1,389
	売	241,350	194,220	29,880	1,609	1,494
2011	買	145,950	115,960	17,840	973	892
	売	150,450	121,550	18,700	1,003	935
2012	買	99,750	80,600	12,400	665	620
	売	90,600	74,230	11,420	604	571
2013	買	331,500	262,990	40,460	2,210	2,023
	売	313,500	248,820	38,280	2,090	1,914
※2014	買	61,200	47,320	7,280	408	364
	売	65,550	52,000	8,000	437	400
年平均	買	287,295	229,281	35,274	1,915	1,764
	売	288,255	232,154	35,716	1,922	1,786
一日平均	買	1,105	882	136	7.367	6.783
	売	1,109	893	137	7.391	6.868

※2014年は6/30までのデータ。
スプレッドはループイフダン2pip、M社4pipとして計算。

ユーロ／円40-40のバックテスト結果（1000通貨単位の場合）

年度		ループ･イフダン利益	M社利益(手数料引いた後)	M社手数料	ループ･イフダン決済回数	M社決済回数
2004	買	203,600	144,000	48,000	509	480
	売	199,200	142,500	47,500	498	475
2005	買	111,600	78,600	26,200	279	262
	売	111,200	79,500	26,500	278	265
2006	買	111,600	78,600	26,200	279	262
	売	94,400	66,000	22,000	236	220
2007	買	318,000	220,200	73,400	795	734
	売	312,000	217,500	72,500	780	725
2008	買	799,600	564,900	188,300	1,999	1,883
	売	836,400	594,300	198,100	2,091	1,981
2009	買	561,600	389,700	129,900	1,404	1,299
	売	555,600	386,400	128,800	1,389	1,288
2010	買	361,600	252,000	84,000	904	840
	売	386,000	271,200	90,400	965	904
2011	買	256,000	179,100	59,700	640	597
	売	264,800	186,600	62,200	662	622
2012	買	164,000	114,900	38,300	410	383
	売	149,200	104,700	34,900	373	349
2013	買	314,000	216,600	72,200	785	722
	売	283,200	193,800	64,600	708	646
※2014	買	63,200	42,900	14,300	158	143
	売	69,600	47,700	15,900	174	159
年平均	買	320,160	223,860	74,620	800	746
	売	319,200	224,250	74,750	798	748
一日平均	買	1,231	861	287	3.078	2.87
	売	1,228	863	288	3.069	2.875

※2014年は6/30までのデータ。
スプレッドはループイフダン3pip、M社5pipとして計算。

ポンド／円50-50のバックテスト結果（1000通貨単位の場合）

年度		ループ・イフダン利益	M社利益(手数料引いた後)	M社手数料	ループ・イフダン決済回数	M社決済回数
2004	買	368,000	261,200	65,300	736	653
	売	363,500	260,000	65,000	727	650
2005	買	199,500	139,600	34,900	399	349
	売	193,000	137,200	34,300	386	343
2006	買	211,500	149,600	37,400	423	374
	売	181,500	127,200	31,800	363	318
2007	買	609,500	443,200	110,800	1,219	1,108
	売	621,500	454,400	113,600	1,243	1,136
2008	買	1,166,500	869,200	217,300	2,333	2,173
	売	1,256,000	945,600	236,400	2,512	2,364
2009	買	779,000	564,400	141,100	1,558	1,411
	売	762,000	552,400	138,100	1,524	1,381
2010	買	397,000	284,400	71,100	794	711
	売	420,000	307,200	76,800	840	768
2011	買	215,000	153,600	38,400	430	384
	売	221,500	161,600	40,400	443	404
2012	買	150,500	110,800	27,700	301	277
	売	129,500	94,400	23,600	259	236
2013	買	312,500	220,400	55,100	625	551
	売	279,000	195,200	48,800	558	488
※2014	買	85,500	60,000	15,000	171	150
	売	87,000	62,400	15,600	174	156
年平均	買	440,900	319,640	79,910	882	799
	売	442,750	323,520	80,880	886	809
一日平均	買	1,696	1,229	307	3.392	3.073
	売	1,703	1,244	311	3.406	3.111

※2014年は6/30までのデータ。
スプレッドはループイフダン5pip、トラリピ8pipとして計算。

実践集②
ネコピカ 編

私がループ・イフダンを始めたワケ

超短期売買派で忙しい毎日、「時間と労力がかからない自動売買システム」は救世主だった！

ブログ『マネーの猫☆ＦＸで毎日チャリンチャリン♪』を主宰するネコピカです。私がＦＸを始めたのはいまから7年前。初心者ながら、いきなり３００万円儲けたことがＦＸ投資にのめり込むきっかけになりました。

それ以前は、デパートで販売員の職に就いていました。ブログのプロフィール欄にもあるとおり、朝10時から夜10時まで働いて、ようやく１万円が手に入るという生活でした。学歴も職歴も家柄もコネもなく、まさに社会の底辺です。そんな生活から私を救ってくれたのがＦＸだったのです。

スキャルピングの収益は月間80万円を達成！

ビギナーズラック以降は数々の失敗も経験しました。関連書籍を読み漁《あさ》ったり、認定テクニカルアナリストの資格を取得するなど、死に物狂いでＦＸの猛勉強を続けた結果、今では月間80万円以上、年間で６８３０ｐｉｐｓ以上稼げるようになりました。その躍進の原動力になっているのは、「スキャルピング」という超短期売買。為替レートのごく短期間の値動きをとらえて売買を繰り返す手法です。

そんな私ですが、あるきっかけで知ったループ・イフダンが私のトレードを一変させました。

時間と労力をかけずに稼いでくれるのが一番の魅力！

5分足チャートや30分足チャートを表示して、1日中、相場とにらめっこしているのが私の投資スタイル。目標とする利益が上がれば1時間でその日の取引を終了することもあり

スキャルピングとループ・イフダンの共通点とは？

私、ネコピカの主戦場は
5分足チャート

FX専業トレーダー、認定テクニカルアナリスト。数分程度の値動きをとらえた超短期売買＝スキャルピングやデイトレで毎月80万円以上稼ぐスゴ腕女性トレーダー。ホームページ『マネーの猫☆FXで毎日チャリンチャリン♪』（http://fxneko.com/）は個人投資家に大人気。

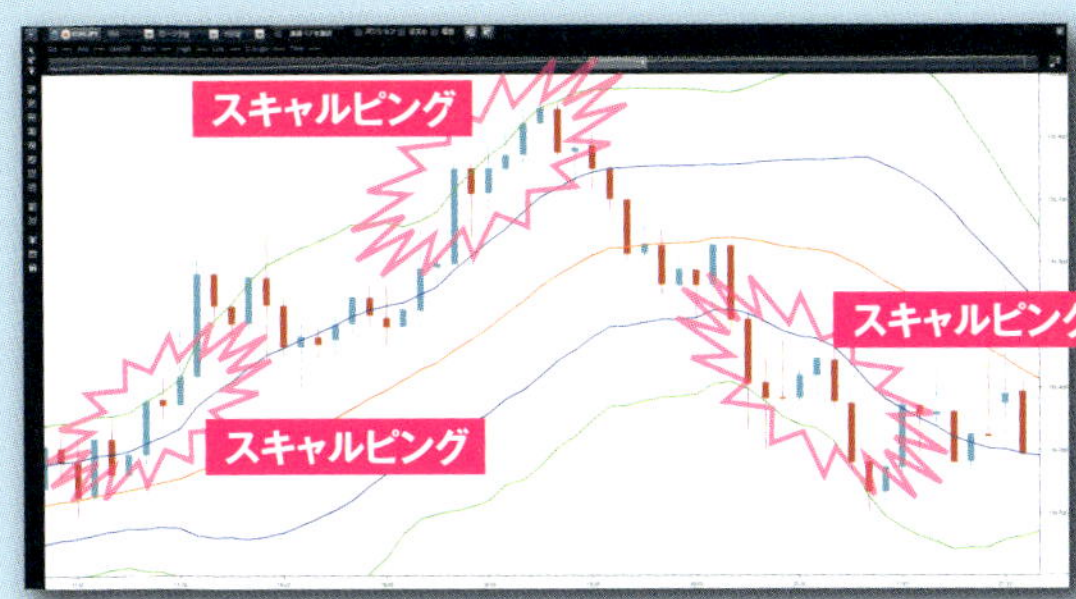

ループ・イフダンなら「時間と労力をまったくかけず」自動で超短期売買ができる！

ますが、6時間以上まったくチャンスがなくてポジションが持てない日もあります。長時間パソコン画面に張り付いているのはとても労力がかかることもあり、機械的に稼いでくれる自動売買には前々からとても興味があったんです。

　ループ・イフダンは最初に通貨ペアや注文値幅を設定するだけで、システムが勝手にスキャルピングに近い取引をしてくれます。

　裁量トレードでは大きなお金を動かすので精神的ストレスも溜まります。それに比べると、ループ・イフダンは取引数量1000通貨の少額取引を重ねるだけ。安心してほったらかしにしておける点が最大の魅力ではないでしょうか。

実践集②
ネコピカ 編

自動売買歴5年だからこそ「低コスト」に注目

これまでにもさまざまな自動売買を試してきましたが、ループ・イフダンの最大の魅力は「低コスト、収益チャンス満載な点」。

「時間や労力がかからない」という理由で始めた自動売買ですが、いつの間にか5年もの付き合いになります。これまで、さまざまな自動売買システムを試してきました。

当初は他社の自動発注システムを使っていましたが、1回の取引ごとに取引手数料がかかり、スプレッドも広いので、なかなか利益が伸びないのが不満でした。そんなとき、取引手数料が無料で、スプレッドも狭いシストレi-NETのループ・イフダンを知り、早速始めてみました。他社に比べて利益が非常によく伸びるのでとても満足しています。

手数料負けしないので不思議と利益がよく伸びる

自動売買システムは頻繁に売買を繰り返すため、取引にかかるコストの低さが高収益を上げ続けるための絶対条件になります。手数料負けすることがない点がループ・イフダンの高評価につながっているのです。

むろん、それだけではありません。テクニカル指標で一定のシグナルが出たら売買を開始するストラテジー型にも挑戦してみました。しかし、半年~1年半程度はそのストラテジーが相場状況にピッタリはまって好成績を出せましたが、それ以降はさっぱりダメ、ということも。長期間、成績がいいシステムを見つけるのは本当に難しいもの。その点、ループ・イフダンは「何銭動いたら売買して、その後、何銭動いたら利益確定」と、システム自体は単純そのもの。為替レートが値動きしている限り、収益チャンスがあるので、やり方さえ間違えなければ、コンスタントに利益が出る点がストラテジー型にはない魅力です。

自動売買歴5年だからこそわかる優位性とは？

私が考える ループ・イフダンの魅力

■ズバリ！「低コスト」

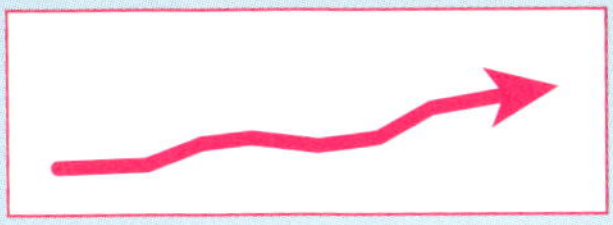

他社の自動売買システムの収益イメージ
（取引手数料あり、スプレッド大）

ループ・イフダンの収益イメージ
（取引手数料ゼロ、スプレッド小）

■「収益チャンスが満載」で、どんなときでも稼げる

他社の自動売買システム
（ストラテジーあり、レンジ設定あり）

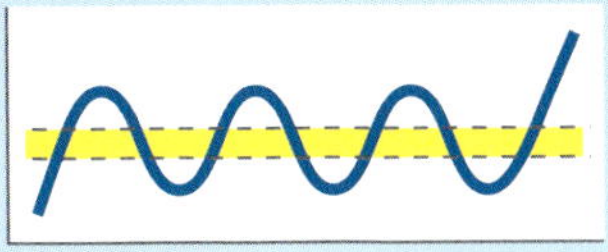

決められた相場状況やレンジ内でしか稼げない

ループ・イフダン

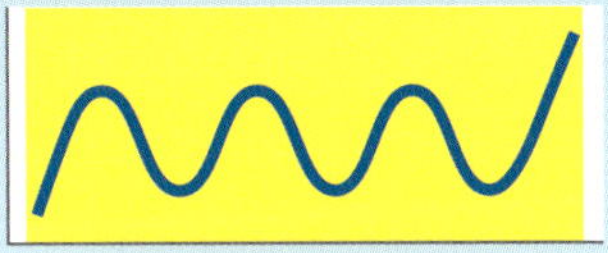

相場追随型なのでいつでも稼げる

レンジ限定ではなく相場追随型なのでチャンス大

私が、ループ・イフダンを愛用しているのは、「時間や労力がかからない」「低コストのため利益が伸びる」「相場状況に関係なくチャンスがある」といった理由からです。

他社とは違って、想定レンジをあらかじめ設定する必要がないループ・イフダンは相場追随型。予想レンジを越えたり、ストラテジーとは違う相場状況になっても柔軟に自動売買を続けてくれるから、収益率も自然と高くなるのです。次ページからは、私がこれまでループ・イフダンで実践してきた運用法を詳しく説明していきます。

実践集②
ネコピカ 編

取引ルールは「最大ポジション50、重複なし」

ビギナーにも大人気の「ドル／円B15－15」では高収益を上げることができた。それにはシステム設定を微修正することも必要。

「手数料無料」という言葉にひかれてシストレi－NETのセミナーに参加しました。それから間もなく、2014年4月から100万円の資金を投入してループ・イフダンの運用を開始。最初は、ドル／円の「B15－15」タイプでした。

当初は「重複あり」を選んで、同じ為替レート帯でも複数のポジションを保有できるようにしていました。「最大ポジション数」も無制限に設定。当時のドル／円は1ドル110円近辺を往来するレンジ相場が続いたこともあり、大量の新規取引→利益確定が行なわれ、大きな利益を得ることができました。

「重複あり」は保有ポジションが膨らみハイリスクに

ただし、重複ありの場合、相場が予想と反対方向に振れると非常にたくさんのポジションを保有してしまうことになります。

「B15－15」タイプはたった15銭、予想と反対方向に動いただけでポジションがどんどん膨らみます。当初から1システムに対する自己資金の投入額は100万円に限定するつもりでしたが、100万円の資金量だとドル／円を5万通貨保有すると、レバレッジが5倍を超えます。安定して運用するにはレバレッジ5倍以下が安心だと考えていたこともあり、いまは「重複なし」「最大ポジション数50」で運用しています。

「15－15」を自己資金10万円以下で始めるのは危険

注文値幅が狭く約定回数が多いドル／円の「B15－15」タイプは初心者にも大人気ですが、そこには思わぬ落とし穴があるので、注意が必要

私のループ・イフダン設定条件

現在のネコピカのルールは

- ●1システムあたり資金100万円
- ●取引数量1000通貨
- ●最大ポジション数は50まで
- ●重複なし

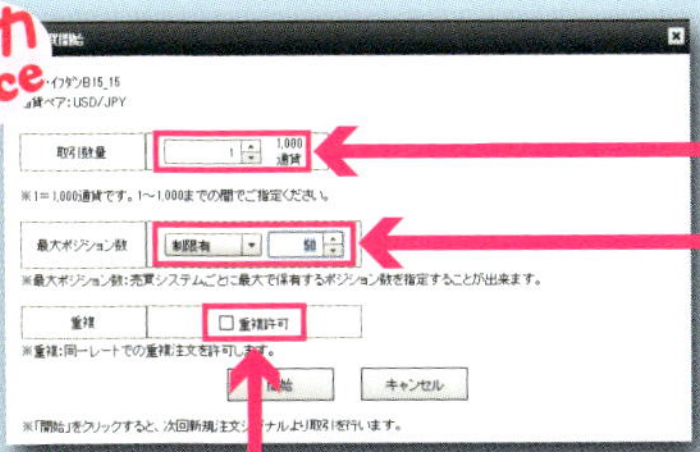

1000通貨が安心、気楽

最大5万通貨。
レバレッジは最大でも
5倍程度に抑える

「重複あり」はポジション数が
膨らみすぎ。
「重複なし」がベター

です。

自己資金が10万円未満の人がドル／円の「B15－15」タイプを重複あり・最大ポジション数無制限で始めると、ほんの少し急落しただけで、すぐにロスカットにあうか、追加入金の必要に迫られます。自分の資金量にあったシステムを選択することがループ・イフダンの運用では最重要といえます。

設定を微調整し続ける中で、私が確立したルールは、「1システムにつき、自己資金100万円。重複注文を出さず、最大ポジション数は50に制限。つまり最大でも5万通貨の保有で、自己資金100万円に対してレバレッジを5倍程度に抑えた取引」です。

実践集②
ネコピカ 編

年間利益106万円、利回り20%超の好成績

現在は自己資金500万円で5つのシステムを運用している。手間もかけず1年で100万円超も利益が出たのは「すごい!」の一言。

100万円の資金を投じて始めたドル/円「B15－15」タイプの好成績には自分でも驚いています。現在は500万円の資金で5つのシステムを稼動中。約1年2カ月の運用で得た累計損益は左の図にもあるように約111万円に到達しました!

最大ポジション50、重複保有なし、という設定にした結果、最初に始めたドル/円の「B15－15」だけでは利益確定が少なくなったこともあり、資金量を増やして、稼動させるシステムの数を増やすことにしました。その結果、ループ・イフダンの収益は裁量トレードを含めた全収益の約10%に達しています。

ドル/円はBとSを両建て。レンジ相場で収益倍増

私が現在保有しているのはドル/円の「B15－15」「B25－25」「S15－15」、さらに豪ドル/円「S20－20」、ユーロ/円「S40－40」という5つのシステムです。

システムを選ぶときには、必ず月足チャート、週足チャートを見て通貨ペアのトレンドを確認します。上昇トレンドが続いているようならB(買い)タイプ。下降トレンドならS(売り)タイプを選択するのが基本戦略です。

長期的にきれいな上昇トレンドが続いているドル/円では「B15－15」と「B25－25」という2つのBタイプを保有して上昇トレンドの勢いに乗っています。

ただ、2015年1月にドル/円がいったん急落したこともあり、「S15－15」という売りタイプも追加しました。「B15－15」と「S15－15」を同時保有すると両建ての形になりますが、実は両方ともかなり大きな

私のループ・イフダンの運用成績

■スタート　2014年4月

■利用システム

ドル／円　B15−15	ユーロ／円　S40−40
ドル／円　B25−25	豪ドル／円　S20−20
ドル／円　S15−15	

■累積利益　約111万円

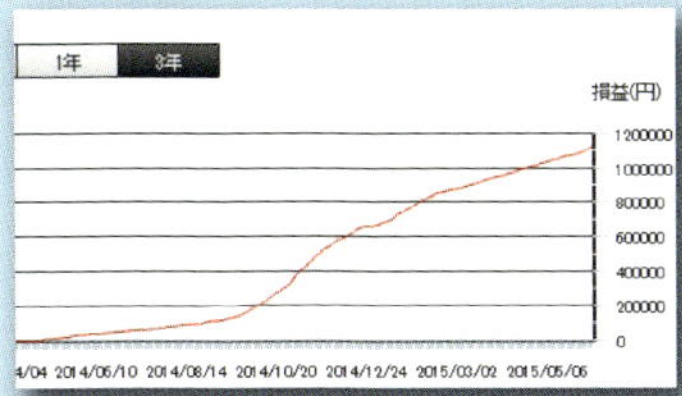

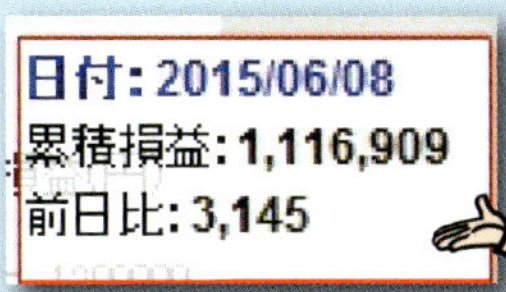

利用システムを選択する手順

月足、週足チャートにボリンジャーバンドを表示

↓

バンドウォークをチェック

↓

2つのチャートでバンドウォークが揃ったらスタート

利益が出ているんです。

下降トレンドが濃厚ならSタイプの保有も敢行

ドル／円以外の豪ドル／円、ユーロ／円ではS（売り）タイプを保有。ともに長期的な値動きを見ると、上昇トレンドが終わって下降トレンド入りしたことが濃厚な点が、Sタイプを選択した理由です。ユーロ／円の「S40−40」は当時、「シストレi−NET」の利益ランキングの第1位だったので挑戦してみました。豪ドル／円のSタイプはオーストラリアで利下げ観測が出ていたことから最近追加したばかりです。

年率20％、100万円超の利益は期待をはるかに越える好成績です。

実践集②
ネコピカ 編

必要不可欠な指標はボリンジャーバンド

私が裁量トレードで愛用しているのが「ボリンジャーバンド」。そして「バンドウォーク」こそが最強シグナルなのである。

ループ・イフダンで一番重要なのは為替レートのトレンドを判断すること。そして、そのトレンドに合ったシステムを選ぶことです。

よくも悪くもさまざまな経験を通して学んだひとつの結論です。

私が普段から為替レートのトレンド判断に使っているのは、「ボリンジャーバンド」と呼ばれるテクニカル指標です。統計学の理論を使って、為替レートのバラツキ具合（変動率）を中央の移動平均線とその外側に引かれた複数のバンドで示したポピュラーなテクニカル指標です。

±2σに値動きが収まる確率は95%。しかし…

その考え方は、受験などでおなじみの「偏差値」と似ていて、ある期間の為替レートの終値と平均値の差から、その期間中の「標準偏差（＝平均的な数値のバラツキ具合）」を計算。移動平均線から標準偏差分だけ上下に離れたところに「±1σ（シグマ）」、標準偏差の2倍離れたところに「±2σ」のバンドを示す形状になっています。

統計学の理論では、

●為替レートが±1σの範囲内に収まる確率は68・3％
●±2σに収まる確率は95・4％
●±3σに収まる確率は99・7％

とされており、通常は逆張り指標で使うのが一般的です。

しかし、私の場合は、為替レートとバンドの位置関係やバンドの収縮・拡散状況から値動きの強さやトレンドの有無を判断する順張り指標として使っています。

中でも重要視しているのがボリンジャーバンド上で起こる「バンドウォーク」という現象です。

ボリンジャーバンドとバンドウォーク

ネコピカ愛用テクニカルは　**ボリンジャーバンド**

「逆張りではなく順張りで使う」のがネコピカ流

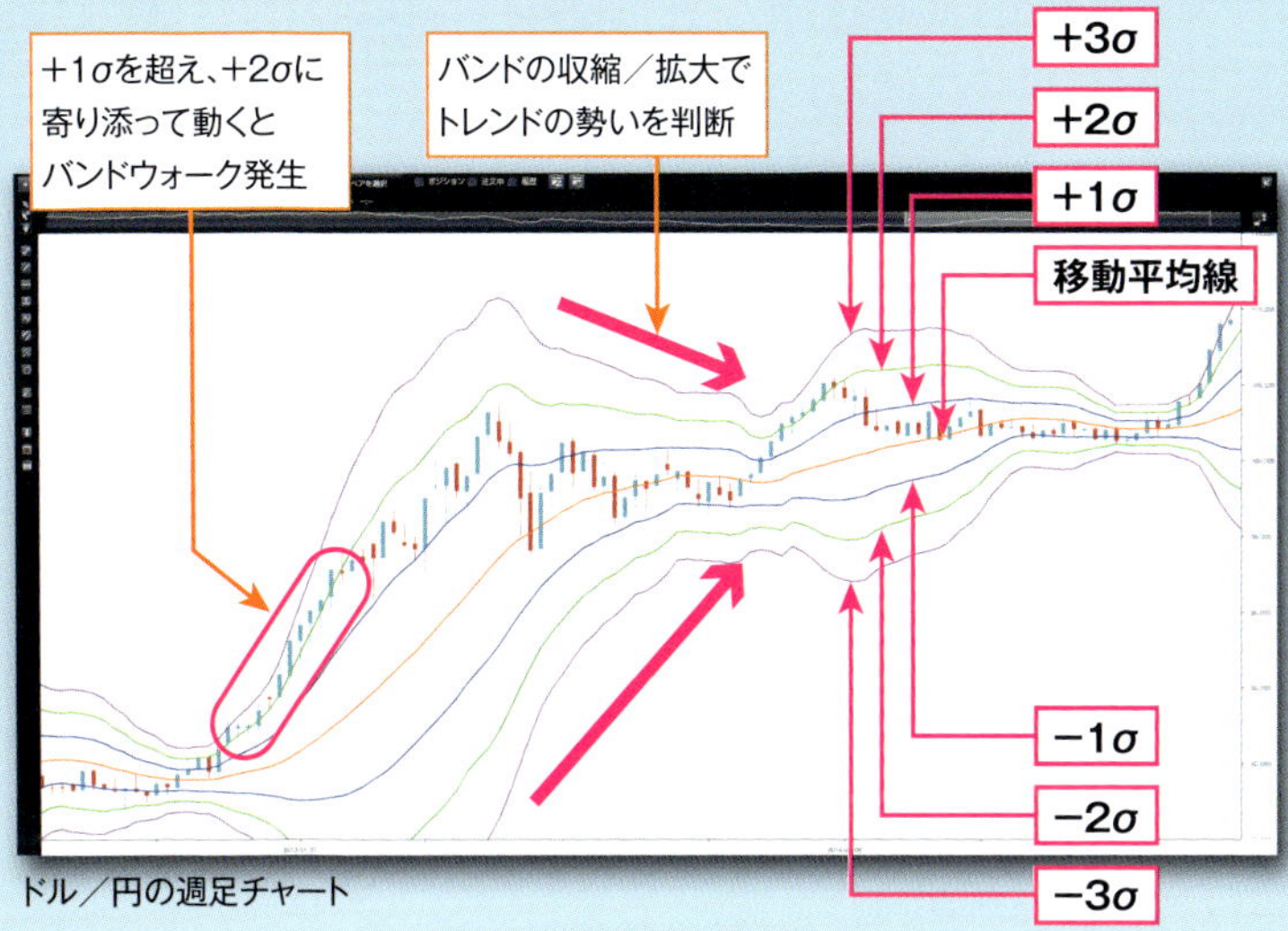

ドル／円の週足チャート

強い値動き発生を示すバンドウォークでトレンド判断

バンドウォークは為替レートが±1σを超え、±2σや±3σに寄り添うような形で値動きする現象のことです。強いトレンドが発生すると、±1σや±2σのバンドはいっきに拡大。為替レートが2σ上を動くことから「バンドウォーク」と呼ばれます。

＋1σを超えて為替レートが上方向にバンドウォークし始めたら強い上昇トレンド発生なので買い。－1σを超えて下方向にバンドウォークし始めたら強い下降トレンド発生なので売り、というのが基本シグナルになります。

実践集②
ネコピカ 編

最強シグナル・バンドウォークでシステム選択

週足・月足チャート上でバンドウォークが発生したら、そのトレンドに乗ったシステムをスタートさせるチャンス。

私にとって、「ボリンジャーバンドのバンドウォーク」は頼れる最強のシグナルです。

トレンドが強ければ強いほど、その方向性に乗った取引をすれば大きな利益を上げることができます。より確率を上げるために、5分足と30分足という2つの時間軸チャートにボリンジャーバンドを表示し、両方でバンドウォークが同時発生した瞬間を狙うのが、私の裁量トレードの主要戦略です。

バンドウォークに着目するのは、ループ・イフダンでも同じです。狙った通貨ペアの月足チャート、週足チャートを表示し、その両方でバンドウォークが発生していることがシステムを走らせる条件になります。

ドル／円に発生した上昇バンドウォークと基本戦略

2015年5月現在、ドル／円には上昇方向のバンドウォークが発生中。私がドル／円のループ・イフダンで主にB（買い）タイプを選択する理由です。そんなバンドウォーク発生の前提条件は、

●ボリンジャーバンドの幅が収縮から拡散へ向かい、拡大の動きが継続していること。

●ローソク足が±2σのバンドに沿って力強く動いていること。

●ボリンジャーバンドの中央に位置する移動平均線の傾きが上昇トレンドなら右肩上がり、下降トレンドなら右肩下がりになっていること。

この3条件が週足チャートだけでなく月足チャートでも確認できれば、そのトレンドはホンモノ。

これまでの経験から、ボリンジャーバンドでバンドウォークが発生しているときは、十中八九、他の

バンドウォーク発生・終了の条件とは?

私のシステム選びは
週足・月足チャートでのバンドウォーク同時発生

■P105のドル／円週足チャート拡大図

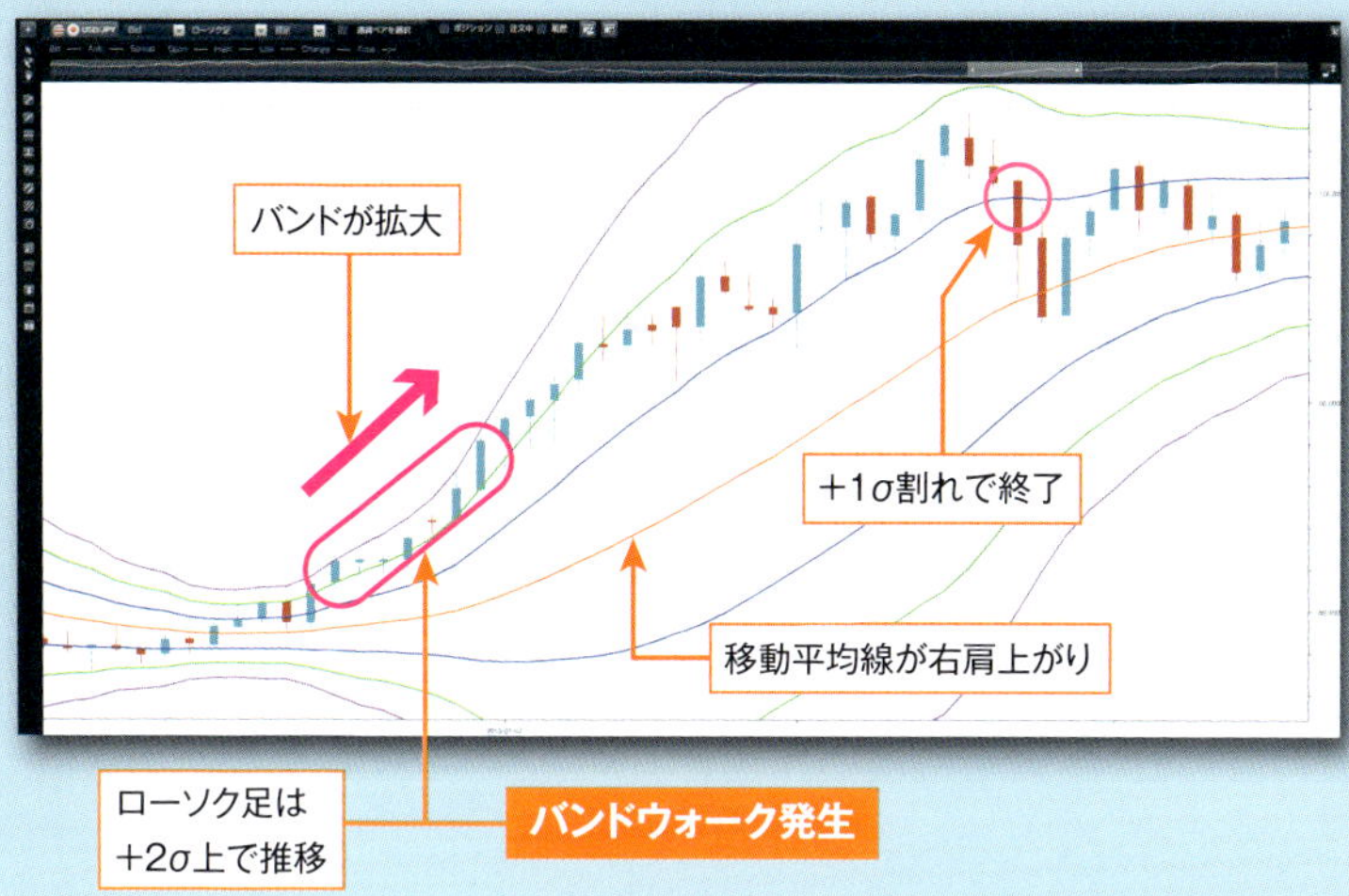

テクニカル指標を見ても同じ売買シグナルが出ています。

バンドウォーク終了は±1σ割れで判断する

では、バンドウォークが終わってトレンドが終息するシグナルはいったい何でしょうか？

それは「為替レートが±1σのラインを割り込む」こと。

たとえば、これまで＋2σのバンドに沿って勢いよく上昇を続けていた為替レートが下落を始め、＋1σのラインを割り込んだところでバンドウォークは終了と見なします。

裁量トレードでは、バンドウォーク終了後はひたすら様子見に徹するだけです。

実践集②
ネコピカ 編

私の考える上昇トレンド通貨の戦略

強い上昇トレンドが続くドル／円はBタイプを稼働させるのが王道。実際の作業は週1回程度のチャートチェックだけで十分。

「トレンドがはっきりしている限り、自動的にコツコツ稼いでくれる」のが、ループ・イフダンの魅力です。

　私の基本戦略は、ループ・イフダンの運用でもバンドウォークを参考に、Ｂ（買い）かＳ（売り）か売買システムを選びます。

　図はドル／円の月足チャート、週足チャートにボリンジャーバンドを示したものです。

　ドル／円は２０１２年12月に月足チャートの＋１σラインを超えて、バンドウォークが発生。それ以降、現在まで長期間にわたって力強い上昇トレンドが続いています。

　２０１４年５月にはいったん＋１σラインを下回って上昇の勢いが鈍りましたが、同年９月に再び＋１σライン超え。10月に日銀の追加緩和があった影響もあり、その後も上昇トレンドが続いています。

月足だけでなく週足でもダブルチェックする

「月足チャートで大きなトレンドを確認したあとは、週足チャートでより短期的な動きも二重チェックする」のが私のやり方です。

　ドル／円の週足チャートを見ると、２０１４年８月～２０１５年１月にかけてバンドウォークが発生。いったん15年１月に＋１σ割れしますが、その後は横ばいで推移。５月以降、再び＋１σを超えて、力強いバンドウォークが始まっています。

値幅の狭いB15－15で上昇トレンドを総ナメ

　月足、週足チャートともに上方向のバンドウォークが発生しているときは「Ｂ15－15」や「Ｂ25－25」といった注文値幅が狭いタイプのルー

バンドウォークで上昇トレンド継続を確認

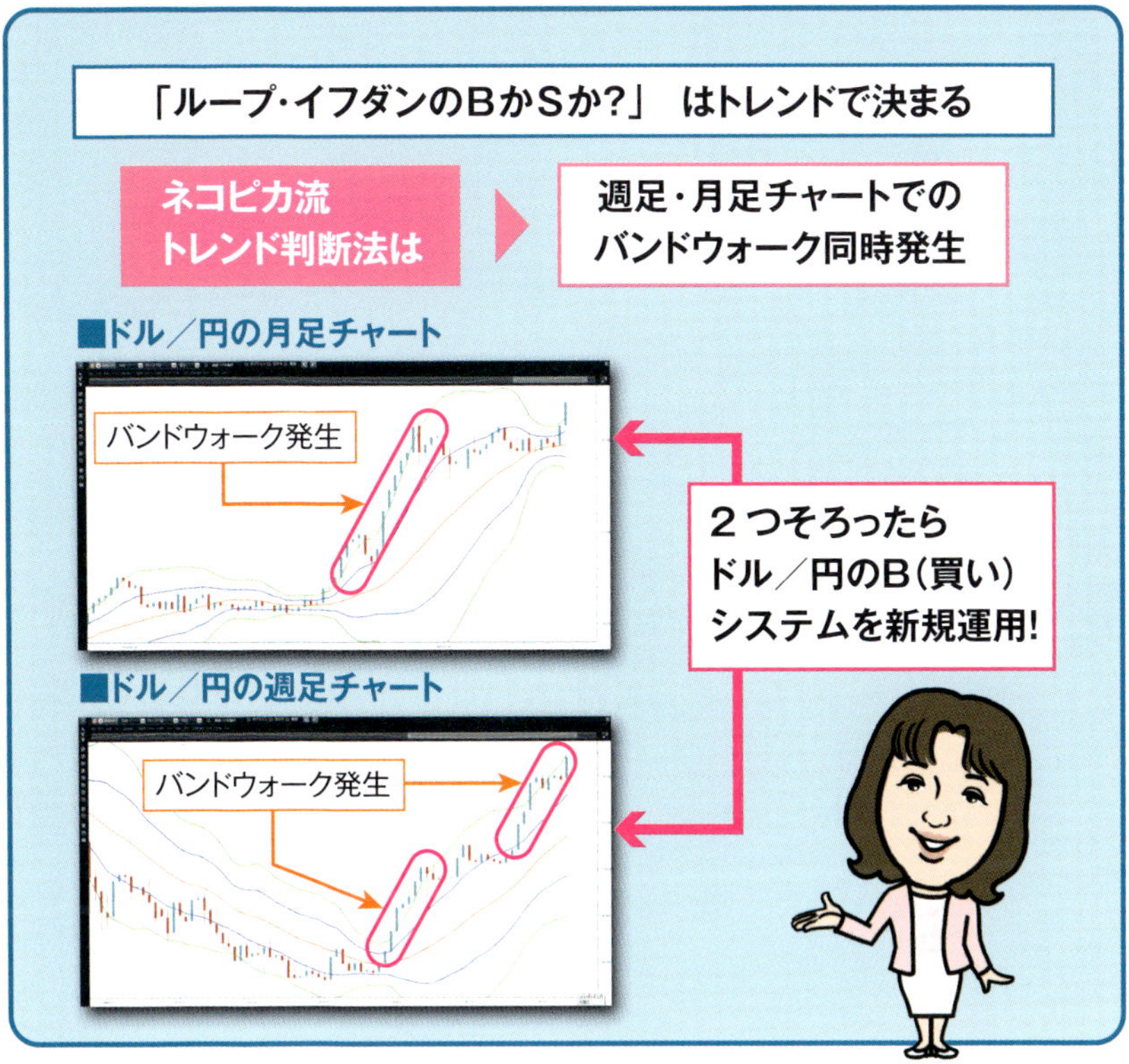
「ループ・イフダンのBかSか?」 はトレンドで決まる
ネコピカ流 トレンド判断法は
週足・月足チャートでの バンドウォーク同時発生
■ドル／円の月足チャート
バンドウォーク発生
2つそろったら ドル／円のB(買い) システムを新規運用!
■ドル／円の週足チャート
バンドウォーク発生

プ・イフダンが一番儲かることに。

実際、ループ・イフダンの運用で年100万円以上の利益を上げる原動力になったのが、ドル／円のBタイプでした。

裁量トレードでは、「バンドウォークが2つの時間軸で同時に起こっているときしか取引しない」のが私のルールです。ただし、ループ・イフダンの運用はそこまでルールに厳格である必要はなく、週1回程度、チャートを見てトレンド状況に変化がないかチェックするだけで十分です。ほったらかしでも稼いでくれるのが自動売買のよさ。長期的なトレンド状況に大きな変化がない限り、頻繁にシステムを変えたり、停止するのは得策ではありません。

実践集②
ネコピカ 編

私の考える下降トレンド通貨の戦略

２０１５年に入って、ユーロや豪ドルはそれまでの上昇トレンドが崩れている。下降トレンド通貨も攻略法はボリンジャーのバンドウォークが基本。

２０１５年に入ってからはユーロ／円や豪ドル／円のＳ（売り）タイプのループ・イフダンも始めました。Ｓタイプを選択する場合は当然、為替レートが下降トレンドであることが、コツコツ収益を積み上げる条件になります。

図はユーロ／円の月足チャートと週足チャートにボリンジャーバンドを表示したものです。

月足チャートを見ると、ユーロ／円は２０１５年１月に入って急落。その後、３月～４月にかけて－１σラインを下回っており、上昇トレンドが終焉を迎え、下降トレンドに転換した可能性が高まっています。

そのタイミングを見計らってユーロ／円の「Ｓ40－40」タイプの運用を開始しました。

ドル／円の2倍の値動きで乱高下するユーロ／円

ユーロ／円のループ・イフダンの注文値幅は40銭、80銭、１２０銭の３タイプがあり、40銭が最小です。ドル／円の15銭に比べると値幅が広くて約定頻度が少なくなるように感じますが、２０１５年に入ってからユーロ／円は高値１４５円、安値１２５円で約20円も値動きしています。対するドル／円は１１５円～１２４円で約10円程度の値動き。ユーロ／円の変動率はドル／円に比べて2倍近いので、40銭ごとに売買と利益確定を繰り返す「Ｓ40－40」でも十分利益が積み上がります。

同じく豪ドル／円でも「Ｓ20－20タイプ」を運用してます。豪ドルの場合、２０１５年２月に続いて、５月にも政策金利が０・２５％引き下げられており、高金利通貨の魅力が薄れつつあります。

ボリンジャーバンドでトレンド転換を予想

「ループ・イフダンのBかSか?」 はトレンドで決まる

ネコピカ流
トレンド転換の見極めは

+1σ割れで
上昇バンドウォーク終了
↓
−1σ割れでトレンド転換

■ユーロ／円の月足チャート

+1σ割れで上昇トレンド終了

■ユーロ／円の週足チャート

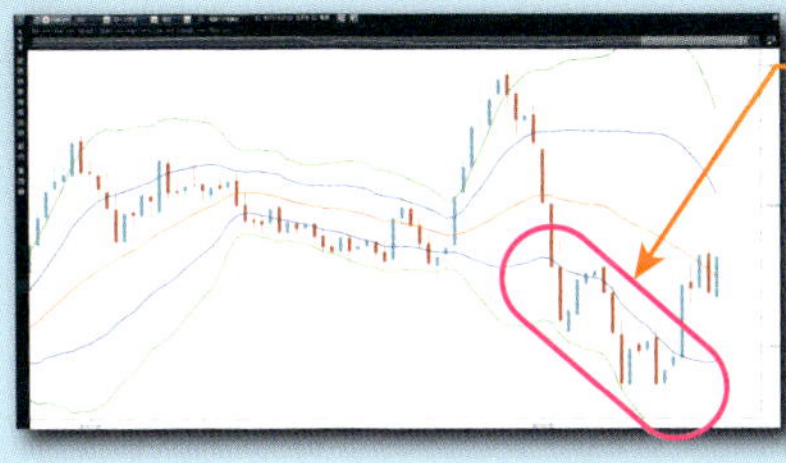

下降バンドウォークが発生

下降トレンドが濃厚
なのでS(売り)
タイプを選択!

高金利通貨・豪ドル／円でもSタイプを選ぶ理由

それを反映して、週足、月足チャートともに移動平均線が右肩下がりとなり、為替レートはレンジ相場で推移しています。

今後は「上げるよりも下げる流れのほうが強い」と判断して、Sタイプを選択しました。毎日、マイナスのスワップポイント負担が生じるので利益はまだ、あまり出ていません。しかし、今後、本格的な下降トレンドに突入したら、いかに高金利通貨の豪ドル／円といえども、トレンドに忠実なSタイプのループ・イフダンのほうに収益チャンスがあると考えています。

実践集②
ネコピカ 編

横ばいレンジ相場こそ最高の稼ぎどき！

２０１５年に入り、ドル／円ではＢタイプだけでなくＳタイプも稼働。両建てという戦略を取る理由は、相場の動きにある。

ボリンジャーバンドのバンドウォークに注目するのが私の投資術ですが、「月足チャートと週足チャートの両方できれいなバンドウォークが起こることは非常にまれ」なことと考えていいでしょう。

たとえば、Ｂタイプのループ・イフダンを運用しているときに、為替レートが一時的に＋１σを割り込み、バンドウォークが崩れたからといって、すぐにシステムを終了する必要はありません。

２０１５年１月中旬にドル／円が週足チャートの＋１σラインを割り込んだときは、今後、上昇の勢いが鈍るかもしれないと思い、Ｓ（売り）タイプも同時に運用開始しました。

その結果、現在は買いでも売りでも利益が出ています。

レンジ相場の収益アップに貢献した両建て戦法

というのも、ループ・イフダンで最も安心して稼ぐことができるのは、実は為替レートが比較的狭い値幅を行ったり来たりするだけのレンジ相場だからなのです。

たとえば、ドル／円が１２０円と１２０円15銭の間の上下動で終始すれば、Ｂタイプなら１２０円で買い１２０円15銭で利益確定、Ｓタイプは１２０円15銭で売って１２０円で利益確定を繰り返すことになります。上下動を繰り返すたびにＢとＳの両方で15銭の値幅ずつ利益が積み上がることになり、すべての値動きを即利益に直結させる理想の状態になるのです。

ボリンジャーバンド収縮でレンジ相場継続を確認せよ

ループ・イフダンで怖いのは自分

ネコピカ流B（買い）とS（売り）両建て戦法とは？

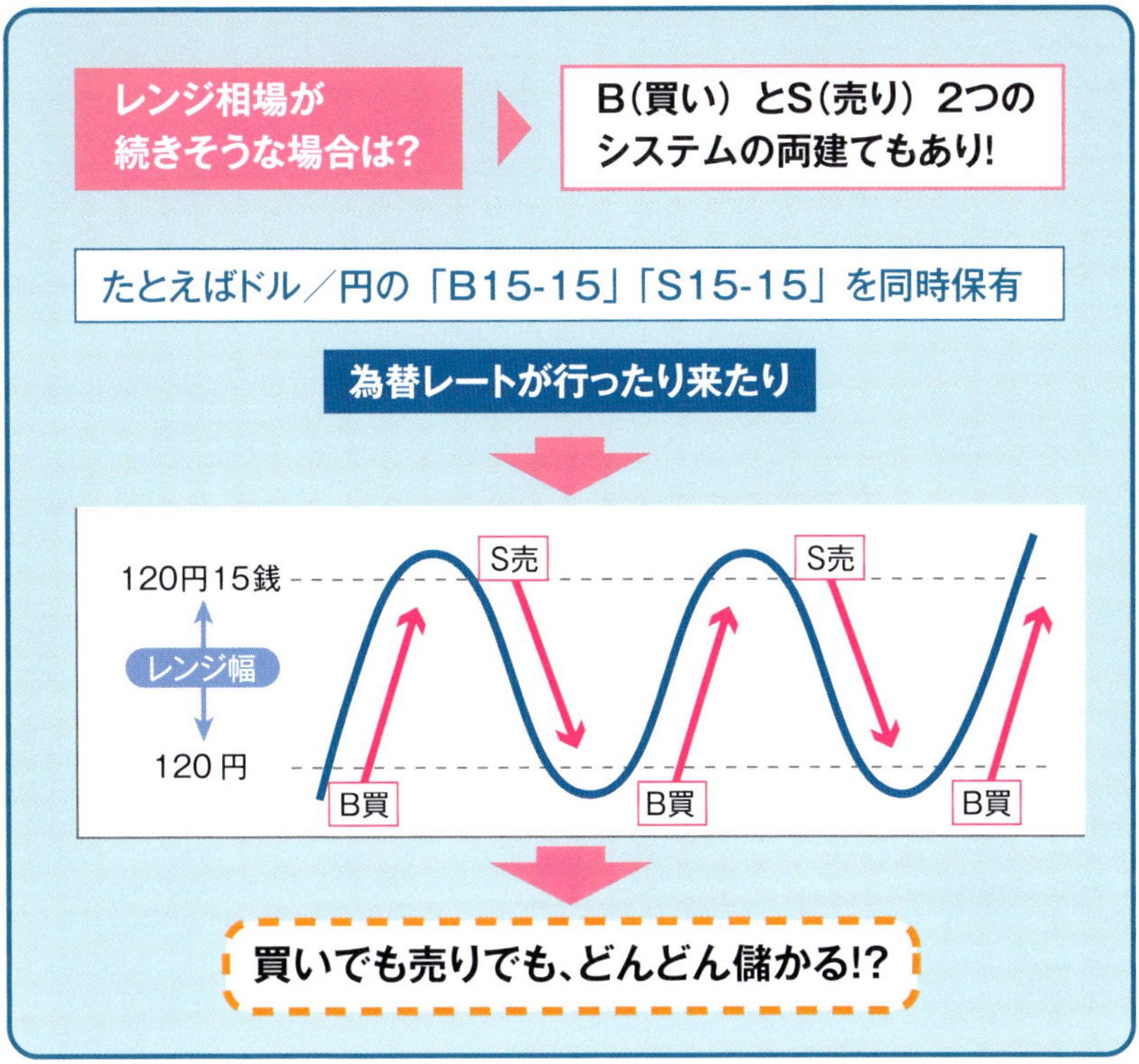
レンジ相場が続きそうな場合は？
B（買い）とS（売り）2つのシステムの両建てもあり！
たとえばドル／円の「B15-15」「S15-15」を同時保有
為替レートが行ったり来たり
120円15銭
レンジ幅
120円
S売
S売
B買
B買
B買
買いでも売りでも、どんどん儲かる!?

の予想と逆方向に為替レートが一方的に振れることだけです。その際のリスク管理だけしっかりしていれば、レンジ相場はある意味、大歓迎。裁量取引では利益を出せないような細かいレンジ相場でも稼いでくれるのがループ・イフダンならではの魅力なのですから。

　レンジ相場が続く場合、私がお勧めのテクニカル指標・ボリンジャーバンドではバンド幅が拡散から収縮に向かい、中央の移動平均線近くにギュッと集まった形になります。この状態を「スクイーズ（縮小）」と呼びますが、縮小した値幅より狭い値幅で自動発注を繰り返すループ・イフダンなら、着実に利益を積み上げることができるのです。

実践集②
ネコピカ 編

運用停止判断とリスク管理

長期保有が前提のループ・イフダンだが、「止めどき」や「リスク管理」を正しく理解することが重要。

長期保有が大前提とはいえ、ループ・イフダンは「止めどき」の判断も大切です。私が運用を停止したのは、これまで1度だけ。2015年1月にドル／円が115円台まで急落して、上昇が天井を打ったかなと感じたときに、それまで長期保有していた「B15－15」タイプの運用をいったん停止しました。もちろん、損益は大幅なプラスです。

反対に運用システムのトータル損益がマイナスのまま、損切りしたケースはまだ一度もありません。

これまでの経験から、含み損が膨らむのを避けるうえで効果があったのは最大ポジションの制限です。保有する5つのシステムすべてにおいて、最大ポジション数を50に設定しています。

100万円の自己資金で最大5万通貨なら安心

つまり、保有するポジション数は最大でも5万通貨。これなら、1円、予想と反対方向に値動きしても含み損は最大で5万円。1システム100万円の資金量からすれば、リスクはそれほど大きくありません。

とはいうものの、ユーロ／円やポンド／円の場合、数日で5円～10円の値幅、動くことも珍しくありません。そもそもループ・イフダンは、予想と反対方向に大きく値動きした場合だけ、どんどんナンピン取引を膨らませていくシステムです。

予想外の方向に為替レートが進み、ナンピン売買による含み損が膨らんでも、ロスカットされないだけの資金的余裕があるかどうか？ その確認は、リスク管理の中でも最も重要なことです。

私がそのリスク管理に利用してい

ネコピカ流リスク管理・その①

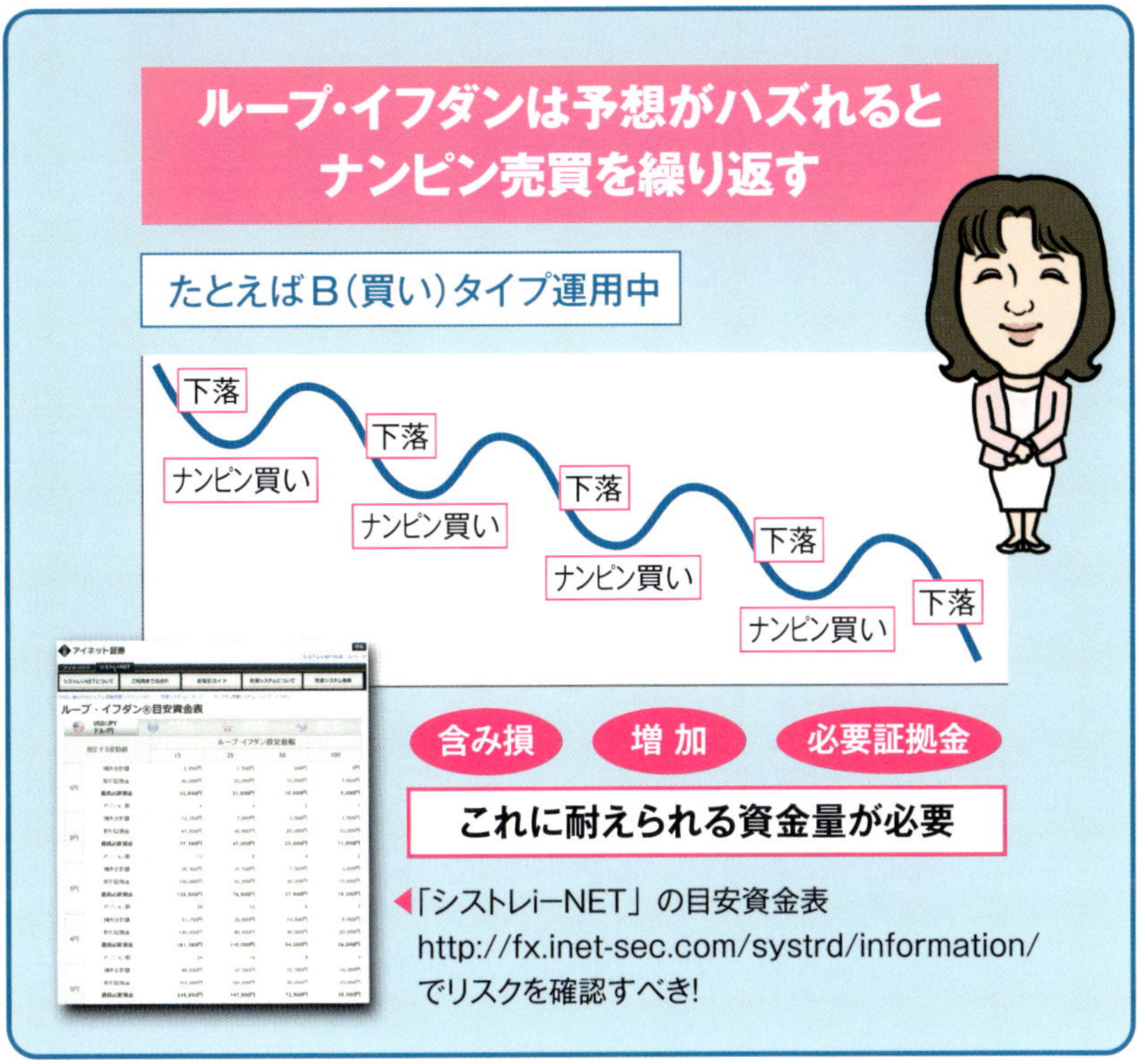
ループ・イフダンは予想がハズれると
ナンピン売買を繰り返す
たとえばB（買い）タイプ運用中
下落
ナンピン買い
下落
ナンピン買い
下落
ナンピン買い
下落
ナンピン買い
下落
ループ・イフダン®目安資金表
含み損
増加
必要証拠金
これに耐えられる資金量が必要
◀「シストレi-NET」の目安資金表
http://fx.inet-sec.com/systrd/information/
でリスクを確認すべき!

るのは「シストレi-NET」に掲載されている「目安資金表」です。

「シストレi-NET」の目安資金表でリスク管理

初心者の中には10万円の資金でループ・イフダンを始める方も多いようですが、ドル/円の「50-50」タイプの場合、想定する値動きが7円以内に収まれば、なんとか10万円の資金でもシステムを稼動できそうです。しかし、より注文値幅の狭い「15-15」タイプでは、10円の値動きに耐えるためには自己資金が60万円以上必要。

「目安資金表」を使って、いざというときのためのリスク管理しておくことが重要なのです。

実践集②
ネコピカ 編

各通貨ペアごとの「年間高低差」に注目

買いなら想定した最安値、売りなら想定した最高値を超えない限り、利益が出るループ・イフダンでは「年間高低差」に注意を払う。

ボリンジャーバンドでバンドウォークを確認する以外に私がたえず意識しているのは、各通貨ペアの「年間高低差」です。

各通貨ペアがこの1カ月、1年でどれだけの値幅、動いたかはいつも注目しています。

図には2014年5月～2015年5月末まで1年間の、各通貨ペアの最高値と最安値、その高低差を示しました。

ドル/円は最高値が2015年5月の124円46銭で最安値は2014年5月の100円80銭。つまり、ここ1年間一貫して上昇が続いており、年間高低差は約24円です。

一方、ユーロ/円の年間高低差は約25円、豪ドル/円は約13円になっていますが、注意したいのは、ユーロ/円は2015年4月、豪ドル/円は2015年2月と、最近になって最安値を更新していること。

最高値と最安値の時期にも注目してトレンド判断

ユーロ/円や豪ドル/円は最近、上昇トレンドが終わり下降トレンドへ転換しつつある状況です。こういうときはS（売り）タイプの運用が有利。年間高低差に注目することで、その為替レートの想定レンジや今後、想定レンジを突き破ってしまうような値動きが起こるかどうかをある程度、予想しておけばそのときになって慌てることもないでしょう。

繰り返しになりますが、ループ・イフダン最大のリスクは、B（買い）タイプなら想定したレンジ下限の最安値、S（売り）タイプならレンジ上限の最高値を突き破ってしまうような動きが起こったときです。そんな動きを察知したら、機敏にBとS

ネコピカ流リスク管理・その②

ループ・イフダンでは為替レートの「高低差」を意識する

最高値 ⟷ 最安値

S(売り)はここに注意 / B(買い)はここに注意

各通貨ペアの年間高低差（2014年5月～2015年5月）

	最安値	最高値	年間高低差
ドル／円	100円80銭 (14年5月)	124円56銭 (15年5月)	約24円
ユーロ／円	125円67銭 (15年4月)	150円46銭 (14年12月)	約25円
豪ドル／円	89円60銭 (15年2月)	102円88銭 (14年11月)	約13円
英ポンド／円	168円9銭 (14年10月)	190円87銭 (15年5月)	約22円

を乗り換えることも大切なのです。

一時的な調整か、完全なトレンド転換かも判断する

下降トレンドが一時的なものだと考えるとなら、すでにご説明したように、BとSの両建て運用も効果的です。逆に完全に下降トレンド入りしたと判断したら、Bタイプは終了させて、Sタイプに乗り換えるべきです。

為替レートの変動率はボリンジャーバンドの拡大や縮小でも確認できるので、1週間に1度は月足、週足チャートにボリンジャーバンドを表示させ、為替レートが予想と反対方向に動いてバンドが拡大していないかに注意を払いましょう。

実践集②
ネコピカ 編

利上げや利下げなど政策金利を意識する！

為替レートに影響を与える経済や金融情勢（ファンダメンタルズ）の中で
私が注目するのは「政策金利」だけ。

最後にループ・イフダンを運用するうえで私が注目しているファンダメンタルズを紹介しましょう。それは「政策金利」です。

国の中央銀行は、お金という〝紙きれ〟を印刷して自国の金融市場に供給することで、短期的な金利を一定に保つように操作しています。その目標になる金利が「政策金利」と呼ばれるものです。

2008年のリーマン・ショック以降、日本・米国・欧州の主要先進3カ国（地域）はおおむね政策金利をゼロに据え置くことで、景気を回復させ、失業率上昇や物価下落に歯止めをかけようとしてきました。

利上げ段階に入った米国。量的緩和の続く日本・欧州

しかし、2015年に入り、金融市場最大の関心事になっているのは、米国の中央銀行FRB（連邦準備制度理事会）による「利上げ」です。

米国では国内の景気が上向くよう、市場に大量のお金を供給する「量的緩和」が2014年まで続いていました。ドル紙幣が市中にどんどん増えると、当然のことながらドルの価値はほかの通貨に対して下落します。これが、2011年10月末に1ドル75円55銭に達する超円高ドル安にもつながりました。

一方、2013年4月からは日本の中央銀行である日銀も非常に大規模な量的金融緩和を始めたことで、為替相場のトレンドが大逆転。今度は1ドル120円台に達する円安ドル高が進んでいます。

さらに2015年に入ってからは、米国の失業率が大幅に低下したこともあり、利上げが秒読み段階に。これがドル／円の上昇を筆頭に、世

私が注目する「政策金利」と為替レート

ネコピカ流ファンダメンタルズ ▶ 「政策金利」のみ

利上げ → 通貨上昇

利下げや量的緩和 → 通貨下落

各国の政策金利の変動に注意しよう!

日本	0.1%	(2013年4月、2014年10月に量的緩和を実施)	↘
米国	0.25%	(2014年に量的緩和終了。2015年9月～12月に利上げ!?)	↗
ユーロ	0.05%	(2015年3月、量的緩和実施)	↘
豪ドル	2.5%→2.25%→2%	(2015年2月、5月に利下げ)	↘
英ポンド	0.5%	(年内に利上げの可能性も!?)	↗

界的なドル高トレンドにつながっているのです。

長期保有前提なので細かい指標は無視してOK

裁量トレードでは毎月第1金曜日に発表される米国雇用統計などに注目が集まりますが、長期投資が前提のループ・イフダンの場合、一時的な値動きに過ぎないのであまり気にする必要はありません。しかし、政策金利の動向はその後、長期にわたって大きな影響を与えるので要注意です。

各国中央銀行の政策金利の動向はインターネットでも簡単に確認できるので、しっかり頭に入れておいたほうがいいでしょう。

実践集③
kukaku編

私がループ・イフダンを選んだ理由

仕事が忙しく投資に時間が割けない中、自動売買を試してみるも、長期に利益を得るのはなかなか難しい。そんな中で出会ったのがループ・イフダン。シンプルでわかりやすく、何よりも実績が伴っているのが魅力。

私は、ごく普通の会社員です。毎日本業に追われ、時間に余裕はありません。資産を増やしたいと思っても、勉強する時間もなければ、情報収集をする時間もほとんどないのです。しかし、FXに自動売買という方法があることを知って、忙しい私でもチャレンジできるのではないかと思いました。そして、始めたのが数年前です。

自動売買は、プロの設定した戦略に基づいて売買が行なわれますので、初心者でも利益を狙うことができます。私が利用していたミラートレーダーには、ストラテジーと呼ばれる売買システムが数百種類も登録されていて、自由に選ぶことができます。中にはよい成績のものもありますが、どんな戦略で運用されているのか、十分に情報公開されていないのが難点です。

自動売買では長期に利益を確保するのは困難

戦略を理解できなければ、よいものを選ぶことができません。結局、戦略に納得して選択するというよりは、過去の成績を重視した選択をせざるを得ないのです。

実際、過去の成績を中心にストラテジーを選択して、ある程度の期間で運用をしても、それまで通りの成績が得られなかったことも少なくありませんでした。

また、戦略が細かく設定され過ぎていて、よい成績が出せるときもあれば、そうでないときもあります。当初は稼いでいても相場が変わった途端に、まったく稼げなくなってしまうこともあるのです。手間をかけずに利益が狙えると期待して始めた自動売買ですが、これでは意味があ

kukakuさんの投資方針

ファンダメンタルズ　　テクニカル

↓

会社員で忙しいので、どちらもチェックできない

↓

相場をチェックをしなくても利益が出せるものはないか？

■相場をチェックしなくても利益が出せる手法

自動売買	優秀なストラテジーが多いが実際に運用してみると、思っていたほどの成果が出ない。売買ルールが公開されていないことが多いので、選ぶときには過去の実績を参考にするしかない。
自動発注	売買ルールが単純で誰にも理解できるので、システムを選択しやすい。実際に運用をして見ると、思っていた以上の利益が出る。

りません。

そんなときに出会ったのがループ・イフダンでした。売買システムの戦略が単純明快であるため、納得して稼動させ続けられる点が魅力だと感じました。また、戦略が細かくなりすぎていないため、あらゆる相場に対応できそうです。過去の成績が、今後も継続できる可能性が高い点も好感が持てたのです。これなら、テクニカル分析を自分で行なう時間もファンダメンタルズをチェックする時間もほとんどない私にもチャレンジできそうだと感じました。

そう考えて、ループ・イフダンに挑戦し始めたのが２０１４年10月です。そして、想像以上の結果を出してくれました。

実践集③
kukaku 編

8カ月で14万円の利益を獲得

ファンダメンタルズもテクニカルもまったくチェックせず、資金管理に気を配るだけで、約8カ月。1000通貨単位の取引で獲得した利益は約14万円を達成。

ループ・イフダンの大きなメリットは、売買システムが単純明快であることです。自分の大切な資金の運用を完全に任せるわけですから、長く継続して運用すればするほど、この点は重要だと感じています。

そして何よりも、結果がしっかりと伴っていることが一番でしょう。

私自身、2014年10月以降、ループ・イフダンを稼働させていますが、2015年6月6日時点で合計利益はなんと1万4138pipsを達成しました。1000通貨で取引していますから、円に換算すると、約14万円の利益を確保したことになります。

テクニカル分析もせず、ファンダメンタルズもチェックせず、これだけの利益が得られたのは、本当にすばらしいことだと思っています。

ただし、ループ・イフダンで継続的に利益を出していくためには、多少のコツと注意点もありますので、私の経験を基に紹介していきたいと思います。

含み損にいかに耐えられる資金管理をするかが勝負

ループ・イフダンの場合、いくらからいくらまでの範囲で仕掛けるという設定がありません。買い上がり（売り下がり）もしますし、ナンピンもします。また、最大ポジション数の制限がないので、一方向に相場が進むとポジション数が膨大になる恐れを秘めています。過去のサブプライムローン問題やリーマンショックなど、ときどきやってくる相場の激変には注意が必要です。

最大ポジション数については、自分で設定できますので、リスク管理が可能ですが、基本的には含み損を

他の自動発注型システムと比較したループ・イフダンのメリット

■取引手数料が無料でコストはスプレッドのみなので、利益が大きくなる。

■1000通貨単位で取引ができるので、少ない証拠金でもチャレンジできる。

■値幅などを自分で設定する必要がないので、すぐにスタートできる。

ループ・イフダンの月別利益

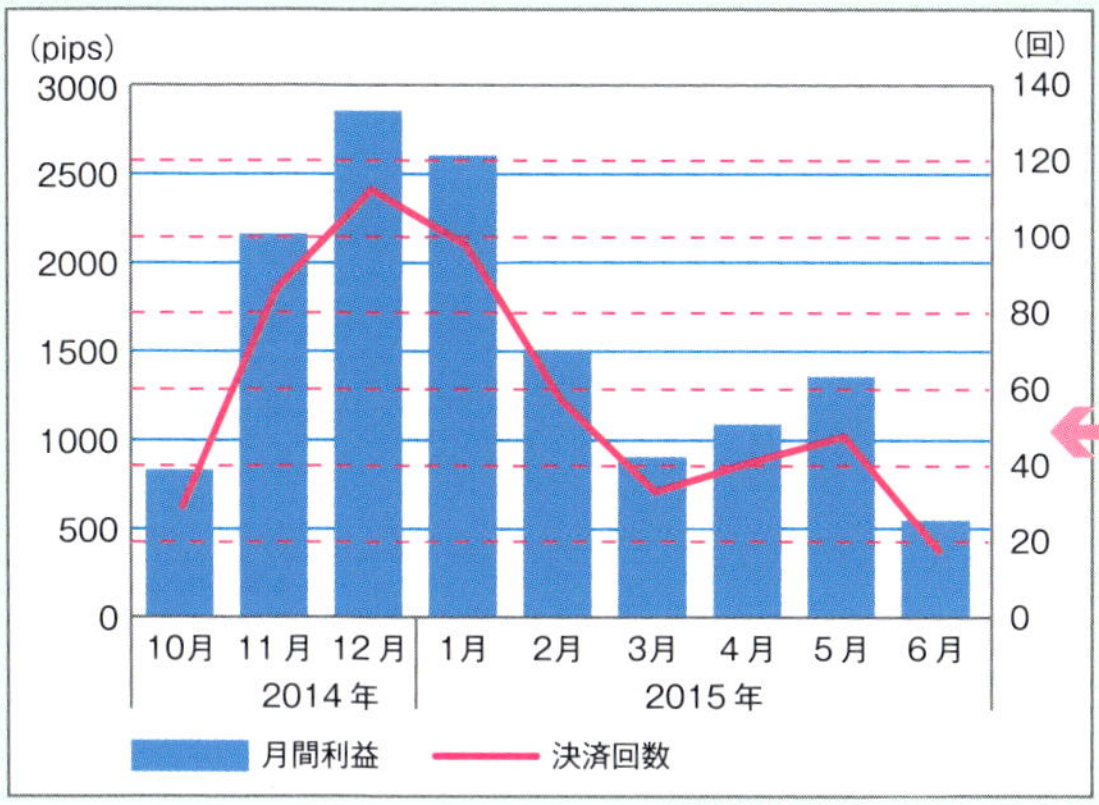

※2015年6月は6日までの数値

抱えながら利益を積み上げていくシステムですから、証拠金には余裕を持たせることが必要です。また、どの程度、逆方向に相場が動いてもロスカットにならないのか、といった事前のシミュレーションは必須です。

　私はループ・イフダンで長期的に利益を得ていくためには「いかに含み損ポジションに耐え、ロスカットにならないように資金管理をするか」ということに尽きると考えています。

　ループ・イフダンは取引手数料が無料、スプレッドが狭いのもメリットです。他社では、取引手数料が有料なうえにスプレッドが広いところもあります。

実践集③ kukaku 編

売買システムの選び方

過去の利益を見ると「買い」も「売り」も利益はそう違いがない。であれば、スワップポイントがマイナスにならないシステムを選んだほうが有利!?

ループ・イフダンには、合計26の売買システムがあります。この中から私はドル／円買25のシステムを選択し稼働させています。なぜ、このシステムを選んだのかを紹介します。

まず、シストレi－NETのサイトで各システムの利益を確認しました。15年5月時点で再度調べたのが、左ページの図です。このデータは重複注文をオンにしたものですが、それを考慮したとしても、魅力的な金額ではないでしょうか。私は、自動売買ツールのミラートレーダーも利用していますが、ここまでの実現利益を上げているものはありません。

「買い」も「売り」も損益の差は小さい

「買い」と「売り」を比較すると、損益面では大きな差がありません。であれば、スワップポイントがマイナスにならないシステムを選んだほうがいいと考えました。ループ・イフダンは含み損が大きくなることもあるので、そのうえにマイナスのスワップポイントは避けたいところです。

通貨ペアについては、ユーロ／円やポンド／円は暴落時の値幅が相対的に大きいので、ドル／円か豪ドル／円がよいと考えました。そして、私がループ・イフダンを始めた14年10月当時、その後の値動きを考えると、ドル／円の方が上値の余地があると考えて、ドル／円を選択したのです。ドル／円には4つの値幅が設定されていますが、50と100は、ヒットが少なそうなので除外。15か25で考えたところ、用意できる証拠金が限られているので25を選択しました。

売買システムを選ぼう！

■ループ・イフダンのシステム別損益

通貨ペア	注文の種類	設定値幅	スワップポイント（1万通貨）	過去6カ月利益	過去1年利益
ドル／円	買い	15	0	65,736	103,046
		25	0	42,908	68,652
		50	0	24,784	39,697
		100	0	14,912	27,174
	売り	15	▲5	72,097	98,444
		25	▲5	45,900	63,323
		50	▲5	22,277	29,675
		100	▲5	11,630	15,035
ユーロ／円	買い	40	10	52,211	76,466
		80	10	26,148	43,249
		120	10	17,364	32,385
	売り	40	▲20	61,592	89,380
		80	▲20	32,685	43,892
		120	▲20	23,921	34,303
ポンド／円	買い	50	1	69,901	102,080
		100	1	36,364	61,399
		150	1	27,970	52,174
	売り	50	▲10	66,474	93,520
		100	▲10	34,802	50,982
		150	▲10	26,410	41,097
豪ドル／円	買い	20	45	65,436	94,952
		40	45	30,471	47,066
		80	45	14,069	25,850
	売り	20	▲60	69,744	94,890
		40	▲60	37,203	49,808
		80	▲60	20,273	27,959

（2015年5月時点）

■システムを選ぶときのポイント

1　利益の高いシステムを選ぶ
2　重複発注機能はオフにする
3　スワップポイントも考慮して選ぶ

実践集③ kukaku編

最大ポジション数の最適な設定は？

最大ポジション数を少なくすれば、リスクは小さくなるが、利益のチャンスは少なくなってしまう。証拠金のレバレッジも考えながら最大ポジション数を決めよう。

ループ・イフダンで最も難しいのは、最大ポジションをどう設定するかです。最大ポジション数を少なくすれば、含み損が拡大するのを防ぐことができます。しかし、少し値動きしただけで最大ポジション数に達してしまい、ループ・イフダンの機能が止まってしまいます。その目安をまとめたのが左ページの上図です。

たとえば、値幅15のシステムを選択して、最大ポジション数を30本に設定すると、4円50銭の値動きで30本に到達してしまいます。一方で50本に設定すると、値動きが7円50銭までであれば、ループ・イフダンがしっかり機能することになります。

証拠金のレバレッジを計算してみよう

最大ポジション数を多くしたほうがカバーできる値動きの範囲は広がりますが、含み損が拡大する可能性があります。

それを避けるために、レバレッジを計算してみるのもひとつの方法です。たとえば、証拠金を１００万円にして最大ポジション数を50本、現在の為替レートが1ドル＝１２０円だった場合に、ドル／円のシステムで１０００通貨のループ・イフダンを稼働させるとします。このときのレバレッジは１００万円÷（50本×１０００通貨×１２０円）で6倍となります。この程度のレバレッジであれば、リスクはそれほど大きくないかもしれません。

ループ・イフダンの「買い」のシステムを利用する場合、万が一、史上最安値まで円高が進んだ場合には、どの程度の含み損を抱えることになるのかを知っておくことも重要

最大ポジションをどう設定する？

■最大ポジション数の考え方

システムの値幅	最大ポジション数に達するまでの値幅〈30本の場合〉	〈50本の場合〉
15	4円50銭	7円50銭
25	7円50銭	12円50銭
50	15円	25円
100	30円	50円

少しの値動きで最大ポジションに到達してしまえば、ループ・イフダンのメリットが発揮できない。

■レバレッジ比率を計算してみる

証拠金の金額 ÷ （最大ポジション数 × 1000通貨 × 為替レート）

たとえば、証拠金100万円で最大ポジション数を50本にした場合
ドル／円のシステムを利用し1ドル=120円とすると……

100万円 ÷ （50本 × 1000通貨 × 120円）

レバレッジは6倍

です。それでもロスカットされないだけの証拠金が準備できるのであれば、ループ・イフダンのメリットを最大限に享受することできます。ドル／円であれば、史上最安値は1ドル＝約75円です。2015年5月現在、1ドル＝120円程度ですから、史上最安値までは45円の値幅があります。

私は現在、「ドル／円買25」のシステムを最大ポジション数50に設定して稼働させていますので、今後45円の円高となると含み損は200万円弱に達するでしょう。ここまでの含み損に耐えられる証拠金が準備できるのであれば安心ですし、ループ・イフダンの力を十分に活用できるはずです。

実践集③
kukaku編

含み損が拡大したら損切りは必要？

想定以上に含み損が広がった場合、損切りをすべきかどうかは迷うところ。私自身は損切りをしないと決めている。その理由とは？

含み損が発生したときには、どの程度で損切りをするのか、損切りをしないとすれば、どの程度の証拠金を用意しておけば耐えられるかを計算しておく必要があります。

たとえば、リーマンショックのときに大きな含み損を抱えたとして、そのときに損切りをしていればそれまでですが、そこを耐え抜くことができれば、現在のように円安となり大きな利益を得られているわけです。もちろん、耐え抜くことが資金面で難しい場合もあると思いますが、ループ・イフダンでは、1000通貨の設定ができますから、証拠金を追加することで含み損は乗り切れると思っています。用意できる証拠金が少ない場合には、値幅の大きいシステムを選ぶという選

含み損が拡大したときにどうするか、ループ・イフダンを稼働させる前にしっかりと決めておいたほうがよいでしょう。あいまいなままスタートしていざ含み損が拡大していくと、判断が鈍ってしまいます。「もう少し待てば戻るのではないか」と自分の都合のよいほうに考えてしまい、何も対策を取らず、最終的にロスカットされてしまうことになりかねません。せっかくループ・イフダンで積み上げてきた利益が吹き飛んでしまいますし、預けた証拠金を大きく目減りしてしまいます。

含み損に耐えてこそループ・イフダンが活きる

私は、基本的には損切りをしない考え方です。そもそもループ・イフダンは含み損を抱えながら利益を積み上げていくシステムですから、損切りをしてしまうとシステムの力を十分に発揮できないからです。

損切りはどうする？

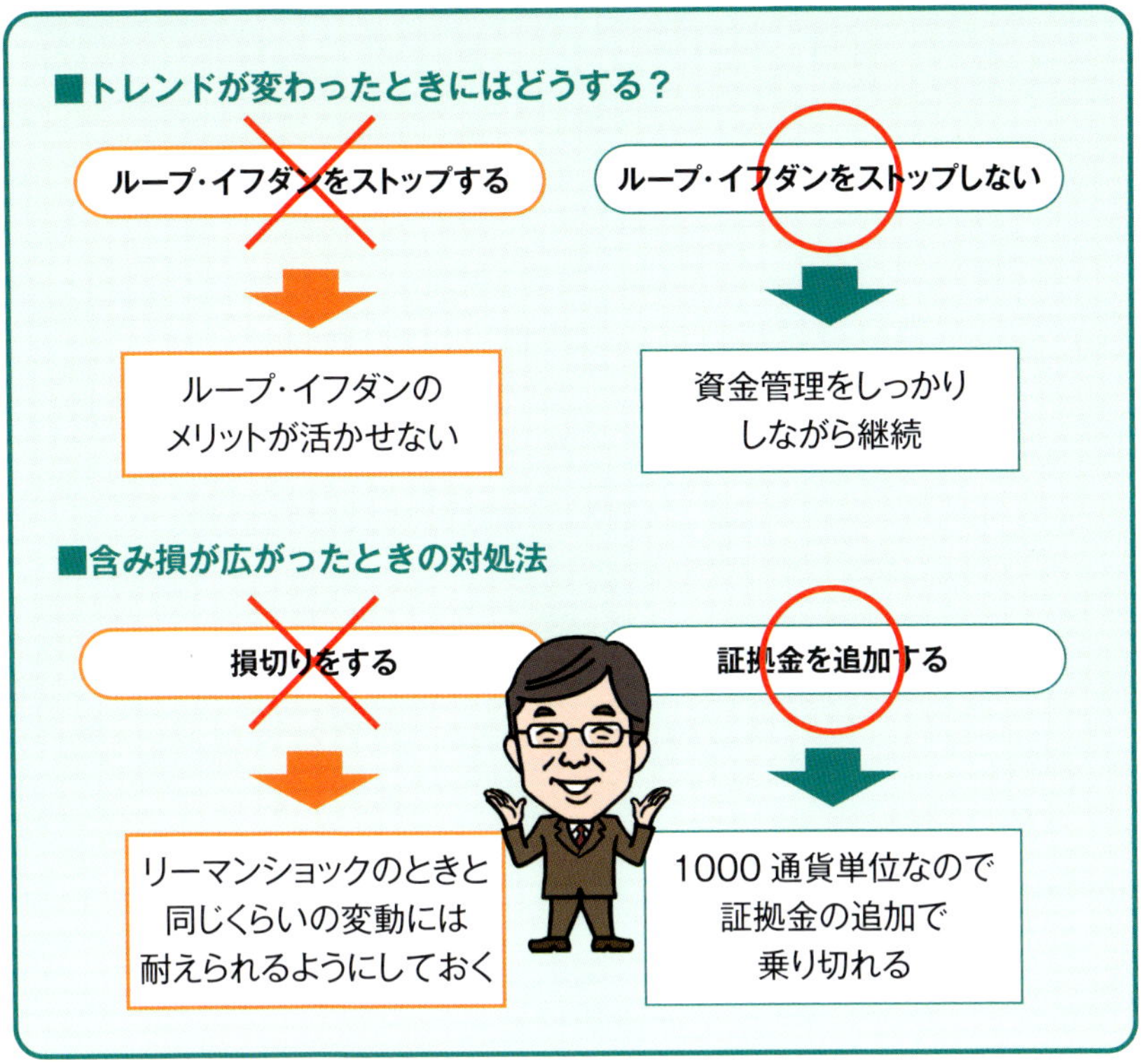
■トレンドが変わったときにはどうする？
ループ・イフダンをストップする
ループ・イフダンのメリットが活かせない
ループ・イフダンをストップしない
資金管理をしっかりしながら継続
■含み損が広がったときの対処法
損切りをする
リーマンショックのときと同じくらいの変動には耐えられるようにしておく
証拠金を追加する
1000通貨単位なので証拠金の追加で乗り切れる

択肢もあるでしょう。

このように私自身は、含み損に耐え抜く投資方針をとっていますので、トレンドが変わったとしてもループ・イフダンを止めたり、別のシステムに乗り換えたりする予定もありません。ループ・イフダンに限らず、システムトレードは、一般的には長期的な運用でまとまった利益を得るものだと思っています。

実際に過去の成績は、こういった反対方向の相場も含めたあらゆる相場を乗り越えてきた結果です。しっかりと資金管理をして耐えていれば、いずれよい結果が得られる可能性が高いでしょう。これは、ループ・イフダンの過去の成績を見れば一目瞭然です。

コラム

経済政策を左右する「雇用統計」

為替相場の大きな流れを把握するうえで抑えておきたいのがファンダメンタルズ。中でもアメリカの「雇用統計」は、世界中の投資家が注目している。

ループ・イフダンを実践するうえで相場の流れを把握することは欠かせません。その大きな流れを左右するのがファンダメンタルズです。ファンダメンタルズにもさまざまなものがありますが、影響の大きいもののひとつが雇用統計です。

景気がよければ雇用が増えますし、悪ければ失業者が増えます。雇用統計は経済の実態を素直に表している指標といえるでしょう。ですから、雇用統計の数値が悪ければ、経済政策の変更が行なわれる可能性があります。それが為替相場にも大きな影響を与えるのです。

非農業者部門の雇用者数に注目

とくにアメリカの雇用統計は、世界中の投資家が注目しています。アメリカの経済情勢は世界中に影響を与えるからです。

アメリカの雇用統計は、毎月第一金曜日の夜（日本時間）に発表されます。その際に注目されるのは「非農業部門雇用者数」と「失業率」です。農業従事者は、季節労働者も多く、働く人の数に大きな変動があります。そこで、農業部門を除いた「非農業者部門雇用者数」が、実態を表す指標として、注目されます。

「失業率」は、「16歳以上で働く意欲があるにも関わらず、働いていない人の数」です。求職活動をしている人の数をカウントするので、本人の申告に左右される面もあります。よって信頼性という面では「非農業者部門雇用者数」のほうが高いと考えられています。

アメリカの雇用統計とは？

雇用統計はいつ発表される？

毎月第一金曜日

過去の雇用統計の発表は？

注目されるのは　非農業部門雇用者数　と　失業率

農業部門の雇用者数は、季節労働者も含むため、変動が大きくなるので、それを除いた「非農業部門」で働いている人の人数に注目が集まる。

16歳以上の人で働く意思があるにも関わらず、仕事がない人の割合を示すのが失業率。数値が低いほど景気がよいと判断される。

過去の雇用統計の発表は？

非農業者部門雇用者数

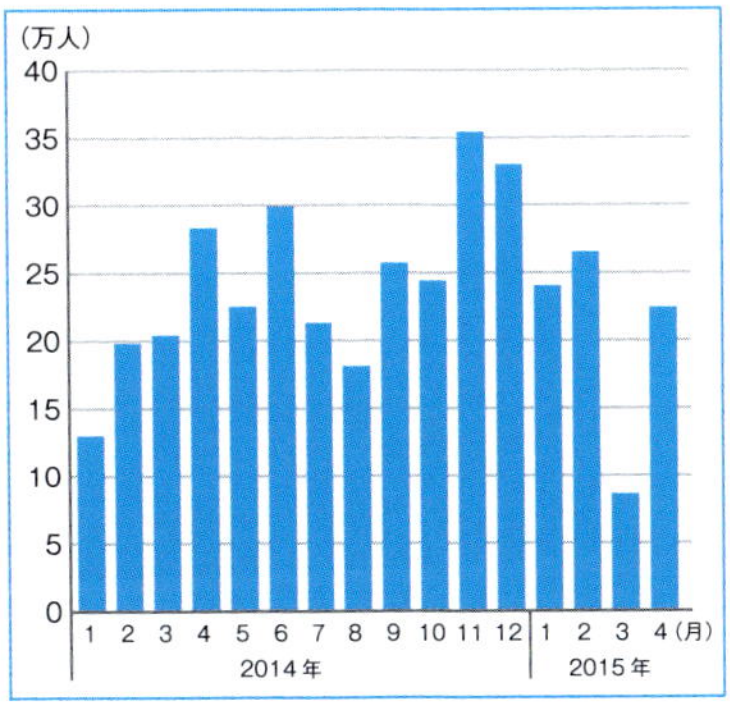

前月比の増減が人数で公表される

失業率

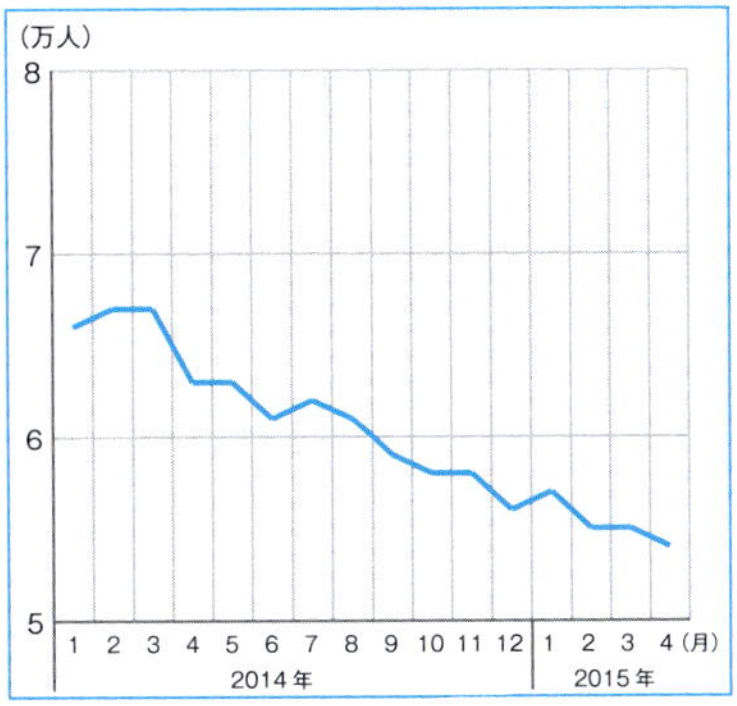

失業者 ÷ 労働人口 ×100 で計算される

コラム

FOMCの声明文に注目

金利は為替レートに影響を与えるが、中でも影響が大きいのがアメリカの金利。FOMCの声明文はプロもチェックしている有益な情報だ。

金利動向も為替相場に大きな影響を与えます。金利の高い国には投資マネーが集まり、低い国からは流出します。つまり、金利の引上げは通貨高、引下げは通貨安の要因となります。各国の金利のベースになっているのは、政策金利です。政策金利とは、その国の中央銀行が一般の銀行に融資するときの金利です。

中央銀行は政策金利を上げ下げして、景気や経済をコントロールします。景気のよいときには、政策金利を引き上げて、景気の過熱を防ぎます。政策金利が上がると、民間銀行は中央銀行から資金を調達しにくくなるので、企業への貸し出し金利を引き上げることになります。企業は金利負担が増えるので、設備投資などを抑えるようになります。結果的に景気を冷やす効果があるのです。

アメリカの個人消費は世界のGDPの2割

各国の政策金利の中でも、為替相場に最も影響を与えるのは、アメリカの政策金利です。アメリカの中央銀行に当たるFRB（連邦準備制度理事会）は、FOMC（連邦公開市場委員会）で金融政策を決めます。

FOMCは約6週間ごと、年8回開催され、金利の誘導目標を決めます。これがアメリカの政策金利です。金利の誘導目標とともに、その結論に至った経緯が声明文として公表されます。世界中の投資家は、声明文の内容によって、将来の金融政策を推測して投資を行ないますので、金利の数値とともに、声明文の中身も注目されます。

FOMCとは？　政策金利とは？

FOMCとは？ ▶ Federal Open Market Committee
日本語にすると…連邦公開市場委員会

何を発表する？ ▶ ①金利　②金利を決めた理由

いつ発表する？ ▶ 年８回（6週間毎の火曜日）

夏時間：日本時間午前3時15分、冬時間：日本時間午前4時15分

さらに……
約3週間後に **FOMC議事録** が公表される

政策金利とは？ ▶ 中央銀行が一般の銀行に融資する際の金利

相場への影響は？
▶ 政策金利の引上げ→通貨高
▶ 政策金利の引下げ→通貨安

金利の高い国に投資マネーが集まる

実際の政策金利は？　主な国の政策金利

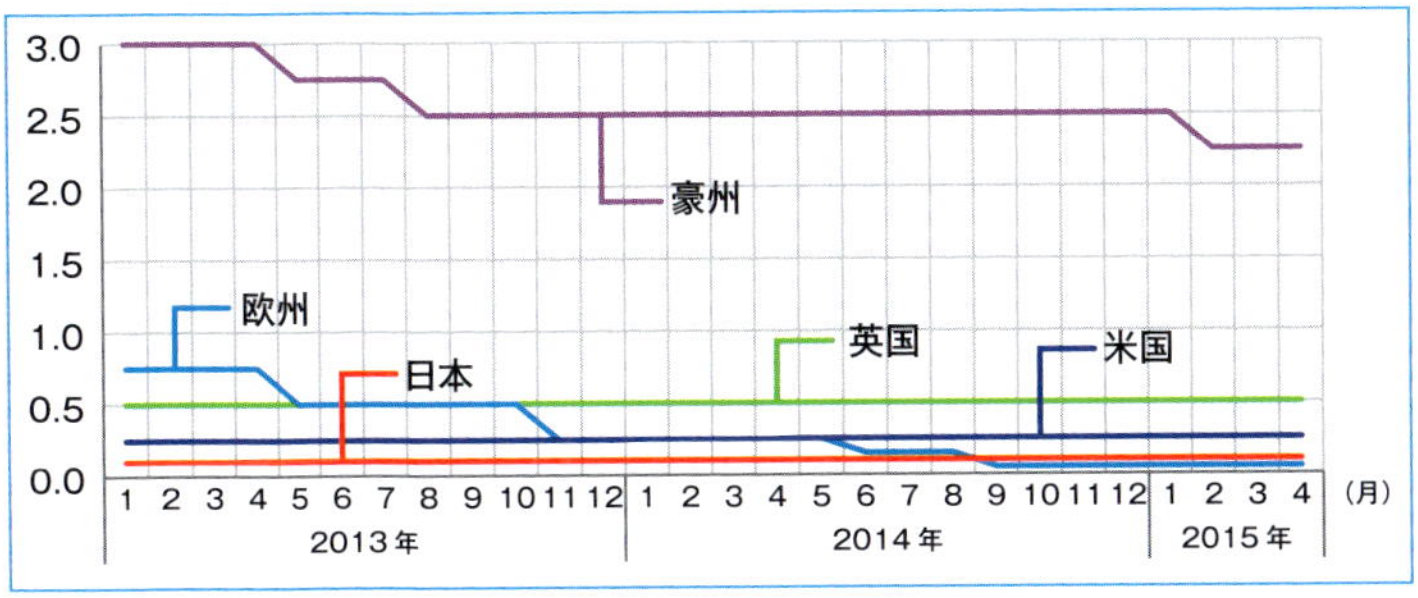

第6章

テクニカル分析の第一人者

山中康司のループ・イフダン攻略術

為替相場の特徴を一言でいうなら、価格が上がったり、下がったりを繰り返す、もみあいの期間のほうが圧倒的に長いということでしょう。長年、為替の世界に身を置いてきた私の経験からいえば、もみあいの期間は全体の７～８割程度に及びます。そして、残りの２～３割が上昇や下降が続くトレンドの発生している期間なのです。

と考えると、もみあいの期間をどう攻略するかが、最大のポイントであるといえます。そこで利益を確保するためには、テクニカル分析が有効ですが、どのようなテクニカル指標を使うのか、ＲＳＩがいいのか、ストキャスティクスがいいのか、さまざまな見方があります。

しかし、もっと効率的な方法があります。それは単純明快に一定のポイントまで動いたら買ったり、売ったりを繰り返す方法です。この方法はすでに１９７０年代から使われています。もちろんループ・イフダンのように自動で売買してくれるものではなく、手動の取引です。

最初に提案したのはワイルダー氏です。彼はＲＳＩなど数多くのテクニカル指標を考案したことで知られていますが、もみあい相場で単純に売買を繰り返す手法を「ピポッドポイント」という指標にしました。

アイネット証券のチャートにピボットポイントを表示してみると、左のようになります。次ページで簡単に紹介しましょう。

トレンド相場とレンジ相場

■為替相場の特長

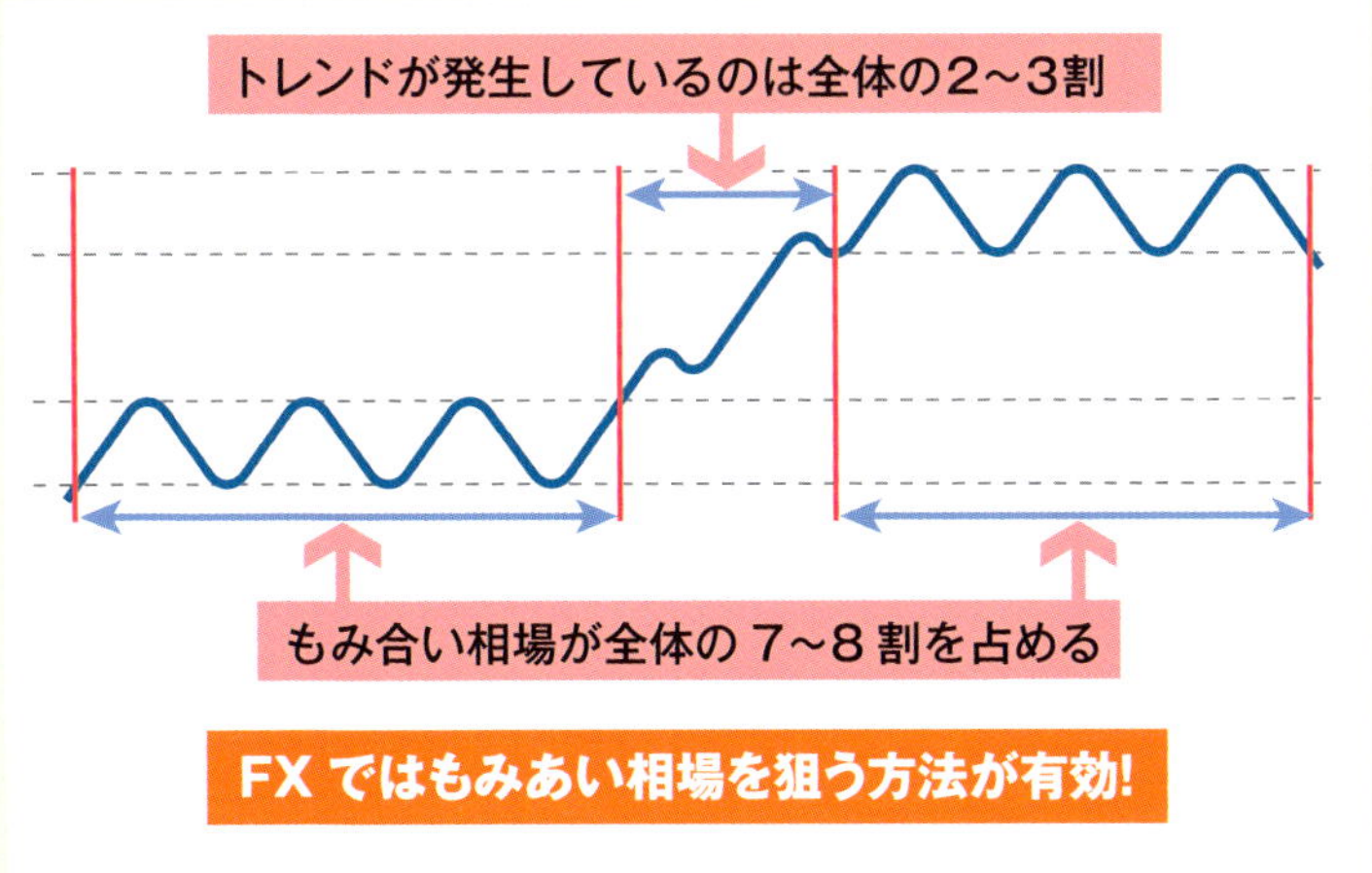
トレンドが発生しているのは全体の2〜3割
もみ合い相場が全体の 7〜8 割を占める
FX ではもみあい相場を狙う方法が有効!

■FX でもみあい相場を狙った投資手法にはどんなものがある？

1970年代	ワイルダー氏がピボットポイントを使った手法を考案
現 在	ループ・イフダンをはじめとする自動発注型が人気

■ピボットポイントの例

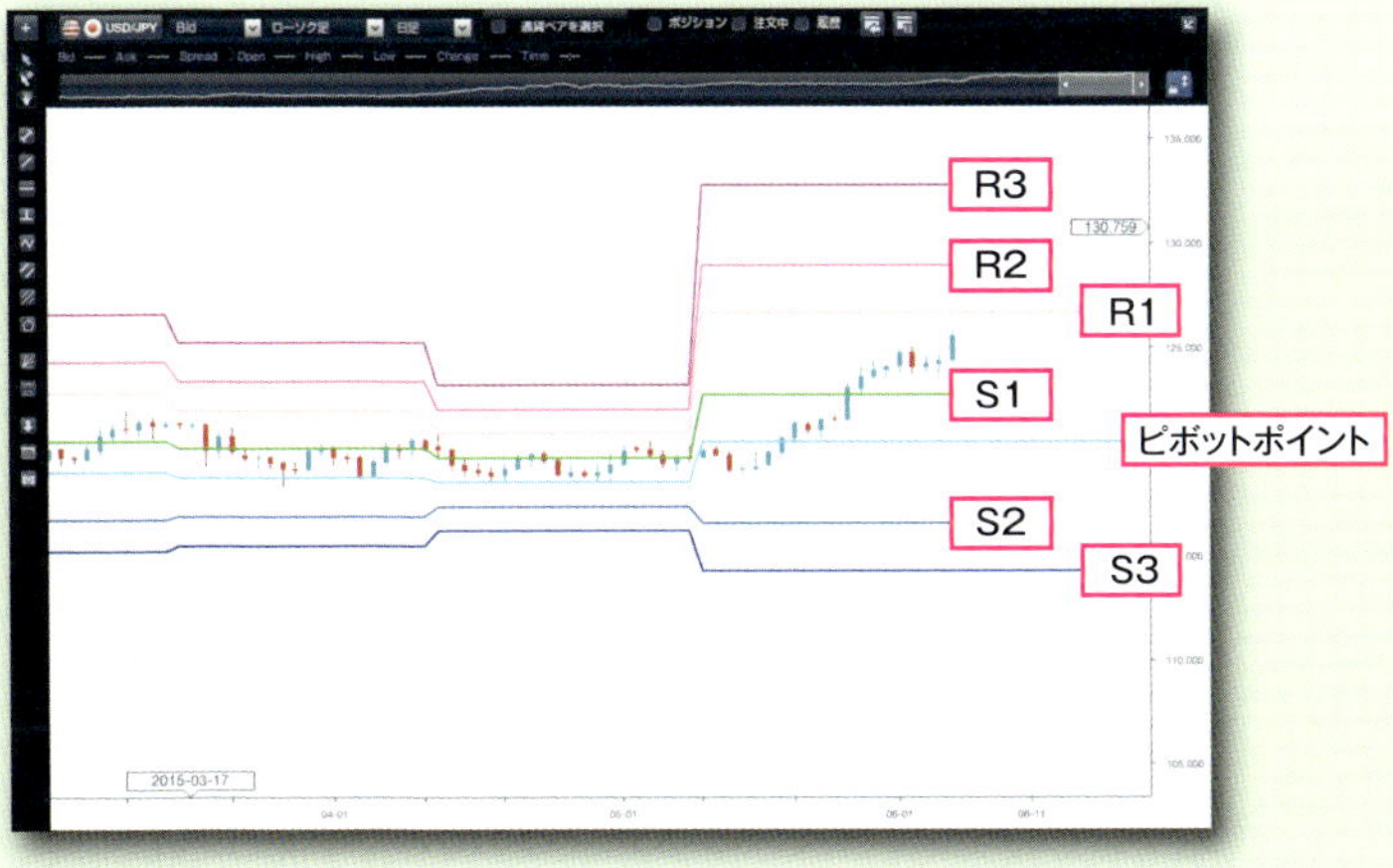
R3
R2
R1
S1
ピボットポイント
S2
S3

ループ・イフダン攻略術

伝統的手法を取り入れてみる

ピボットポイントは伝統的なテクニカル指標だが、その考え方を活用してループ・イフダンの設定を考えるのも有効だ。

ＦＸ経験者であれば、ピボットポイントを使ったことはないにしても、一度くらいは聞いたことがあるのではないでしょうか。

ピボットポイントは、前日の終値、高値、安値から平均レート（ピボットレート）を計算し、そこから一定値幅動いたら買って（売って）、ピボットレートまで戻ったら売る（買い戻す）という手法です。

チャートに表示すると、中心にピボットポイントがあり、上下に３本ずつのラインが引かれます。相場が上昇した場合には、Ｒ１、Ｒ２の位置で売って、ピボットポイントの水準まで戻った時点で買い戻して利益確定をします。

仮にＲ３まで上昇してしまった場合には、もみあいが崩れたと判断して損切りを行ないます。

一度の設定で効率よく利益を積み上げる

ループ・イフダンをはじめとする自動発注機能は、ピボットポイントの発想に似ています。しかも、一度設定すれば、自動で売買を繰り返してくれるとても便利な機能です。

加えて、ピボットポイントでは、相場がピボットポイントまで戻らなければ利益確定をしませんが、ループ・イフダンの場合には、ポジションごとに利益確定の幅も設定され、よりこまめに利益を積み上げていくことができます。

ただし、リスク管理は自分で行なわなければなりません。大きな含み損を抱える可能性があるからです。一つの方法として、ピボットポイントのルールを活用して、リスク管理をするのもよい方法だと思います。次ページで紹介します。

山中流ループ・イフダン活用法

■ピボットをループ・イフダンに応用する手法

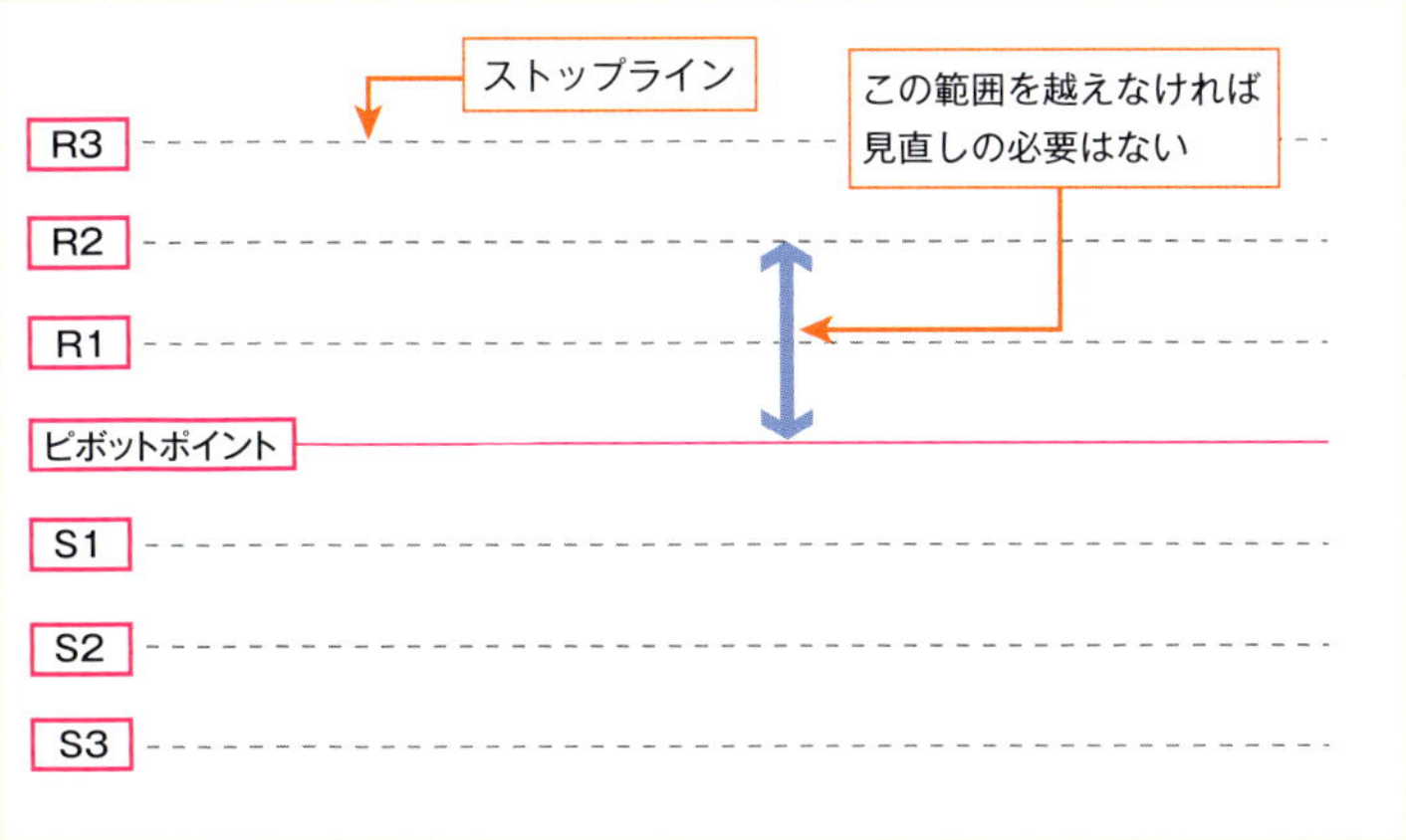

ストップライン
この範囲を越えなければ
見直しの必要はない
R3
R2
R1
ピボットポイント
S1
S2
S3

■ループ・イフダン設定の考え方

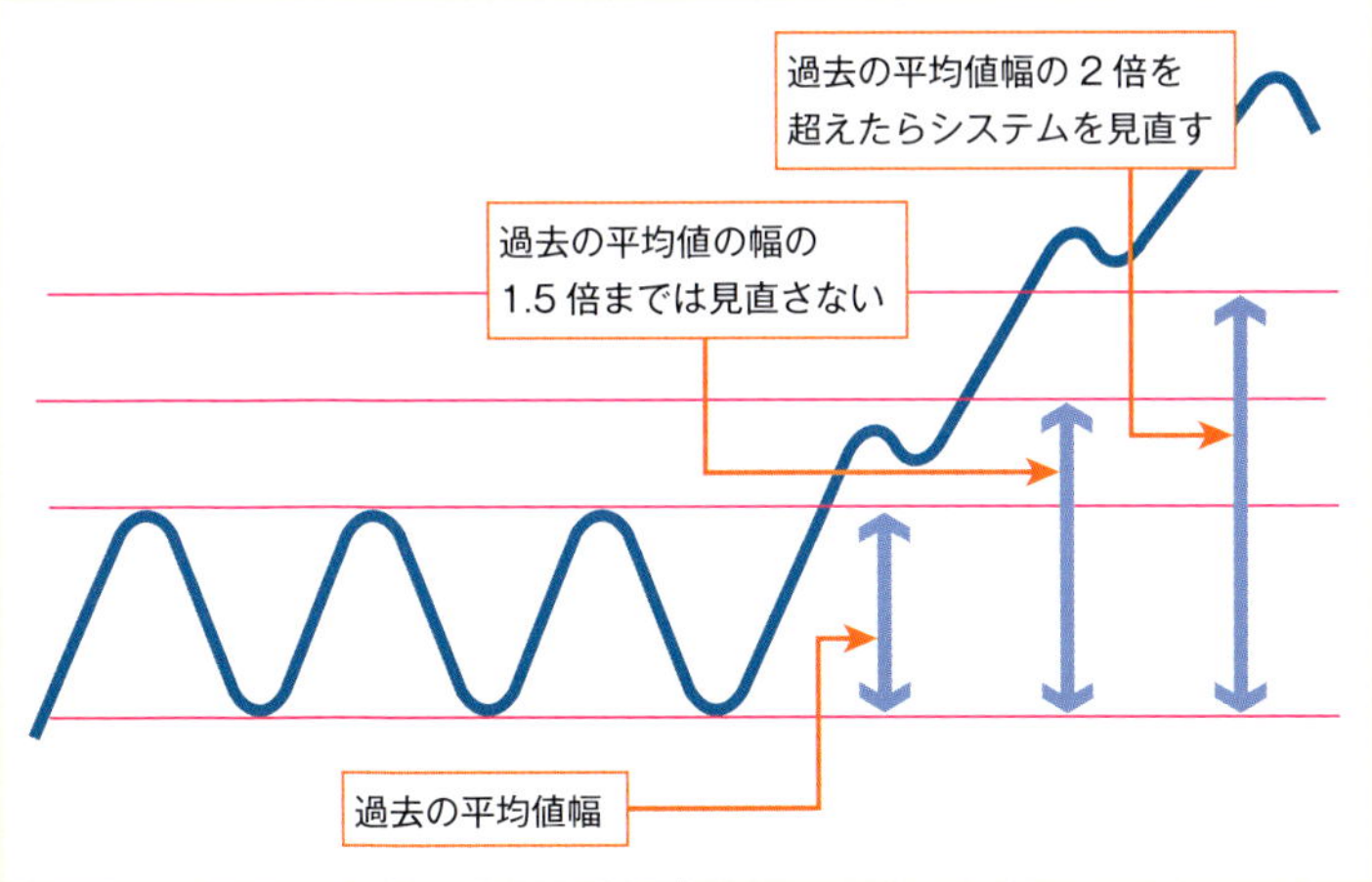

過去の平均値幅の２倍を
超えたらシステムを見直す
過去の平均値の幅の
1.5 倍までは見直さない
過去の平均値幅

■見直しの方法

トレンドと同方向のシステムの場合	継続
トレンドと逆方向のシステムの場合	ストップまたは逆のシステムに転換

ループ・イフダン攻略術

値幅を確認し、ポジション数を決める

ループ・イフダンでは最大ポジション数の設定がひとつのポイント。それを決めるには、通貨ごとの値幅を確認するのが先決。

実際にピボットポイントの考え方を利用したループ・イフダンの設定方法を紹介しましょう。

チャートはドル／円の日足です。◯印の時点でループ・イフダンをスタートする場合、まず、過去1カ月の値幅を確認します。このケースでは2・3円でした。この値幅を基準にピボットポイントの考え方を活かして、1・5倍までの値動きはポジションを保有し、2倍のラインまで到達したら損切りを行なうと考えます。損切りは自動ではできませんので手動で行ないます。

スタート時点の相場は120・3円でしたので、売りのシステムを利用するのであれば、123・75円まではポジションを増やし、124・9円まで上昇してしまったら、損切りを行なうと考えます。通貨ペアによって、変動幅は異なりますから、自分の取引する通貨ペアに応じて、まず取引の値幅を計算する必要があるのです。

ループ・イフダンには、同じ通貨ペアでも値幅の違う複数のシステムが用意されていますが、その選択はどうすればいいのでしょうか。このケースの場合、2・3円の1・5倍である3・45円の値動きまでポジションを増やしますので、ドル／円15－15のシステムであれば23本、25のシステムであれば14本の保有が可能です。これを基準に最大ポジション数を設定するのも一つの方法です。

また、ループ・イフダンでは、マイナス方向にどの程度動くとロスカットになるか、「ループ・イフダン目安資金表」もありますので、それもチェックしておくといいでしょう。

山中流ループ・イフダン設定法

■ドル／円でループ・イフダンを設定する例

USD/JPY
スタートから 4.6 円超の
変動をした場合には
システムを再検討
スタートから 3.45 円の
範囲を安全圏と考える
ここでスタート
1 ドル＝120.3 円
2015-02-24

（ドル／円　日足）

過去 1 カ月の値幅を確認	高値 120.8 円 安値 118.5円 値幅は 2.3 円
安心できる想定変動幅	2.3 円（値幅）×1.5 倍=3.45円
最大ポジション数の設定は	ドル / 円 15−15　3.45 円 ÷15=23 本 ドル / 円 25−25　3.45 円 ÷25=14 本 ドル / 円 50−50　3.45 円 ÷50=7 本 ドル / 円 100−100　3.45 円 ÷100=3 本

ループ・イフダン攻略術

ボリンジャーバンドでトレンド判定

相場にトレンドが発生したときには利用システムの見直しが必要。トレンドを判定する手法としてボリンジャーバンドの活用法を紹介。

為替相場の7~8割の期間はもみあいですが、2~3割の割合でトレンド相場がやってきます。そのときには、トレンドの方向がどちらなのかを判断し、対応策を考えなければなりません。

トレンドと同方向のシステムを利用している場合には、どんどん利益が積み上がっていきますので、利用システムは変更の必要がありません。トレンドとは逆の方向のシステムを利用していた場合には、含み損が拡大する恐れがあるので、ストップをするか、逆のシステムに乗り換えるのがよいでしょう。

トレンドの判断をするテクニカル指標は数多くありますが、ネコピカさんも利用しているボリンジャーバンドも有効な指標のひとつです。

私のお勧めは移動平均線とバンド幅によるトレンドの判断です。アイネット証券のチャートを利用すると、移動平均線と＋－3本のσが表示されます。

ボリンジャー氏推奨の設定方法とは

ボリンジャーバンドの基本設定として移動平均線は「単純移動平均線」で期間は「20」がよいでしょう。これは、ボリンジャーバンドの考案者であるジョン・ボリンジャー氏の推奨する設定数値です。

バンド幅はトレンドの発生と終わりを判断することができます。バンド幅が拡大し始めたら、トレンドの発生、収縮しはじめたら、トレンドが終わったと判断します。

一方、移動平均線は、その傾きでトレンドの方向を判断します。上向きであれば上昇トレンド、下向きであれば、下降トレンドです。

山中流トレンド判断法

■ボリンジャーバンドを使った判定法

判断方法 1＝バンド幅を確認する

- バンド幅が拡大 ▶ トレンドが発生
- バンド幅が縮小 ▶ トレンドの終わり

判断方法 2＝移動平均線をチェックする

- 移動平均線が上昇 ▶ 上昇トレンド
- 移動平均線が下降 ▶ 下落トレンド

■トレンドの発生はボリンジャーバンドで確認

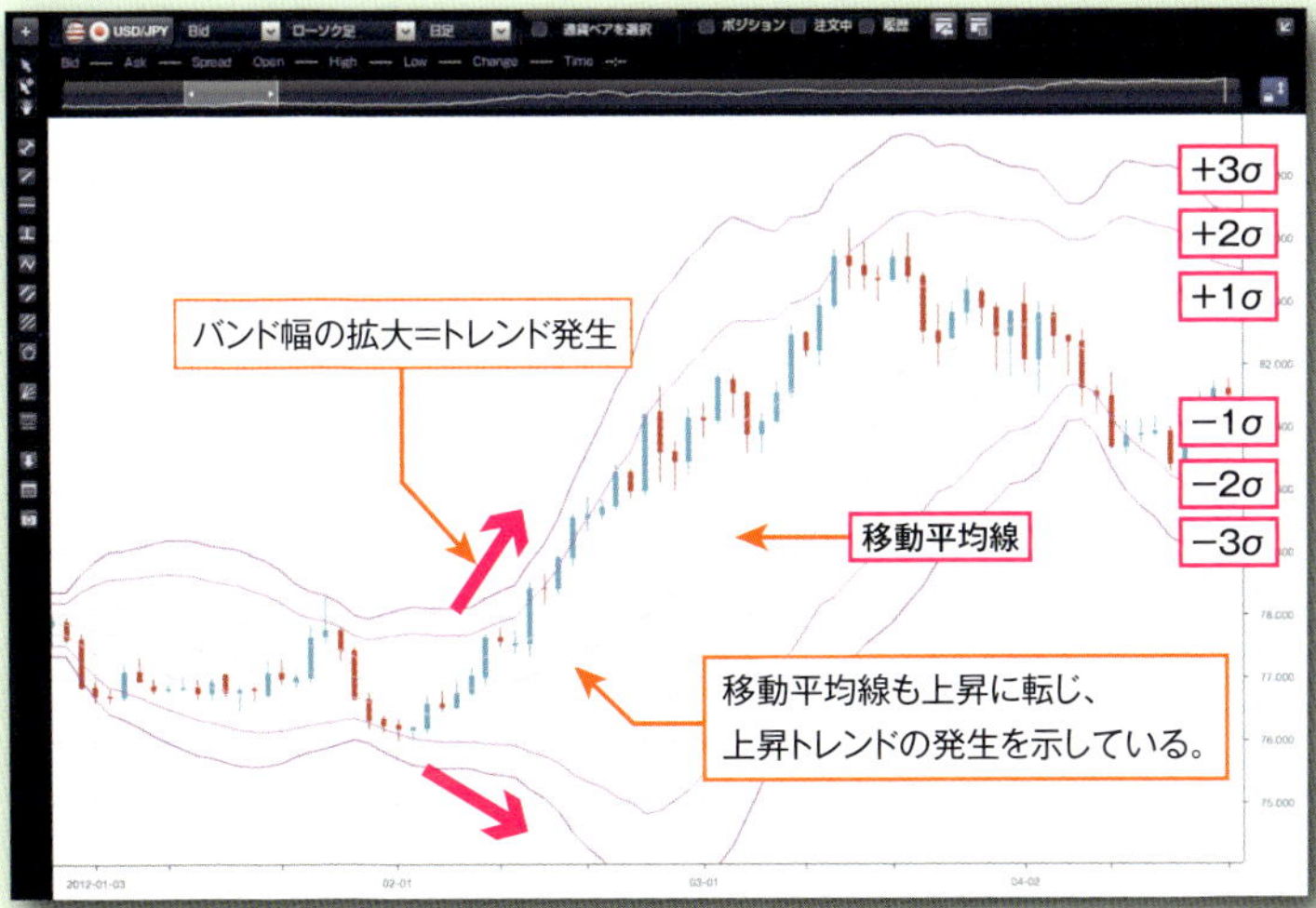

特別収録

アイネットFXに口座を開設しよう

ループ・イフダンを利用するには、アイネット証券のFX口座を開設する必要あり。ウェブから申し込めば手続きは20分程度で完了。

アイネット証券のFX口座はウェブ上から申し込みが可能です。ただし、口座開設の申し込みから、実際に口座を利用できるようになるまでには2日程度かかりますから、早めに手続きをしておきましょう。

手続きをするにはまず、アイネットFXのサイトにアクセスして、「口座をひらく」をクリックします。必要事項の入力画面が表示されますので、画面にしたがって入力します。

アイネットFXの取引コースは、3種類ありますので、いずれかを選択します。違いはロスカット比率と追加証拠金制度です。ただし、この違いは裁量取引のFX口座のものですので、ループ・イフダンを利用するうえでは、いずれのコースでも違いはありません。

本人確認書類は事前に準備しよう

本人確認書類の提出方法を選択します。①申し込み時に添付する、②メールで送る、③郵送する、④FAXで送る、4つの方法から選びます。最も手続きが早いのは①です。デジカメなどで撮影した本人確認書類をパソコンに取り込んでおけば、口座開設の手続き時にアップロードすることができます。利用できる本人確認書類は、運転免許証、健康保険証、年金手帳、印鑑証明書、住民票の写し、パスポート、住民基本台帳カードなどです。また、事前交付書面がウェブ上に掲載されていますので、中身を確認します。

手続きが終了すると、後日IDが郵送されます。これで口座開設は完了です。入金手続きをすれば、すぐにループ・イフダンをスタートできます。

ループ・イフダンを利用するまでの手順

Step1
アイネット証券のFX口座を開設

Step2
アイネットFXに入金

Step3
シストレ i-NET口座に振替

■アイネット証券に口座開設をしよう

FX口座の開設申し込みをする

アイネット証券の URL=http://fx.inet-sec.com/

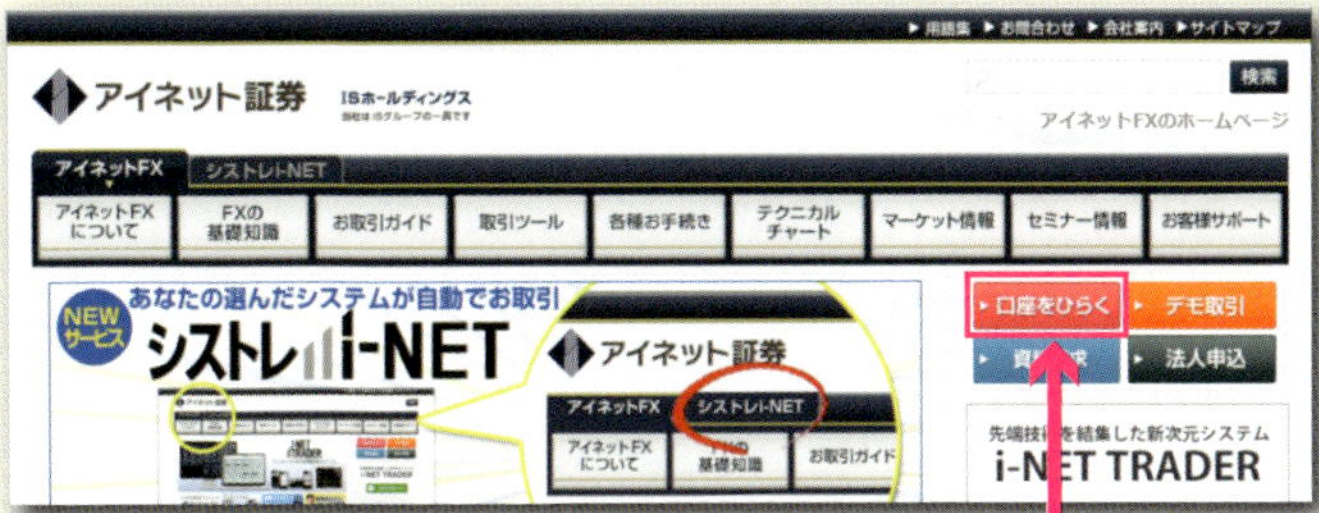

ここをクリック

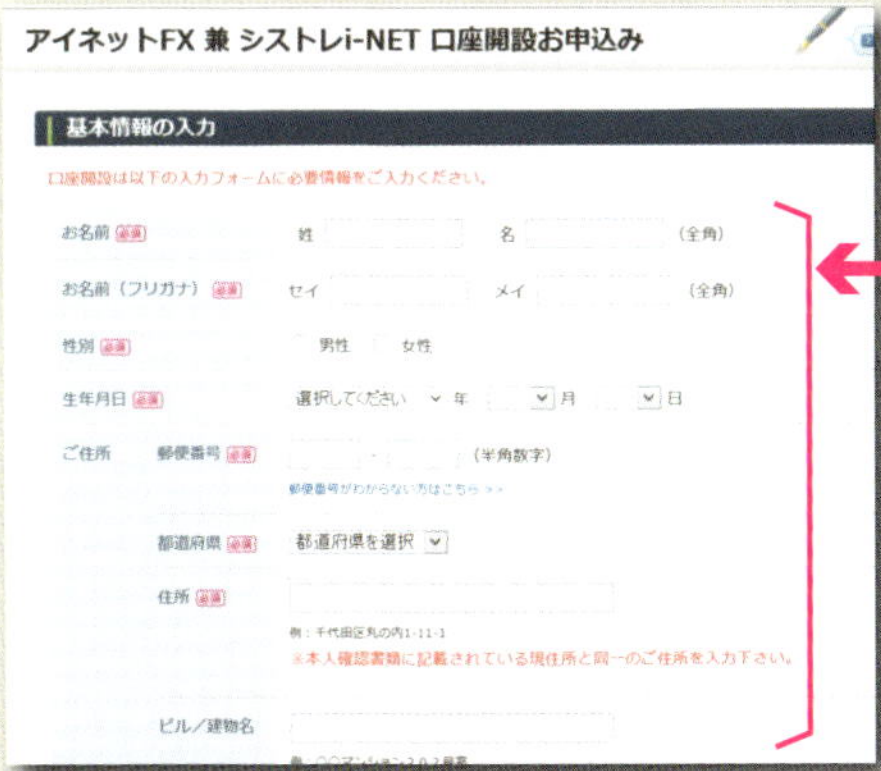

必要事項の確認や基本情報の入力を行なう。

サイトの指示通りに入力していくと、20分程度で手続きは完了。後日、IDが郵送されてきます。

口座開設をするとループ・イフダンがわかりやすく解説された「ループ・イフダンの正しい使い方」が無料でもらえます。
※右のQRコードから申し込みができます。

特別収録

ループ・イフダンの口座に入金しよう

ループ・イフダンを稼働させるためには、アイネットＦＸの口座に入金してから、シストレｉ－ＮＥＴの口座へ振替が必要。クイック入金なら即座に手続きが完了。

売買システムを設定しても入金をしなければ取引はスタートしません。もちろん、入金をしてから売買システムを選択すれば、すぐにスタートします。ここでは入金の方法を紹介します。ループ・イフダンの証拠金を入金するためには、２段階の手続が必要です。

まず、シストレｉ－ＮＥＴの口座にログインします。シストレｉ－ＮＥＴのサイトを表示させ、ログインをクリックします。ＩＤとパスワードを入力して、「ログイン」をクリックすると取引画面が表示されます。

取引画面から「運用情報」↓「口座状況」↓「アイネットＦＸの口座へログイン」と進むとアイネットＦＸの口座に移動します。

入金方法は２種類。早いのはクイック入金

移動が完了すると、アイネットＦＸの取引画面が表示されます。画面右側のメニューバーから「入出金」をクリックします。入金の方法には①マッチング入金と②クイック入金があります。マッチング入金は、口座開設者一人ひとりに設定された入金用口座に振込をする方法です。「クイック入金」は、ネットバンキングを利用して入金する方法です。マッチング入金の場合には口座に反映されるまでに時間がかかります。クイック入金の利用法は、アイネットＦＸのトップ画面から「取引ガイド」⇓「クイック入金操作説明書」で確認できます。

入金が完了したら、「当口座」⇓「シストレｉ－ＮＥＴへ」をクリックして振替手続きをします。入金状況はシストレｉ－ＮＥＴの取引画面から確認できます。

ループ・イフダンのログインから入金まで

■口座に入金をする

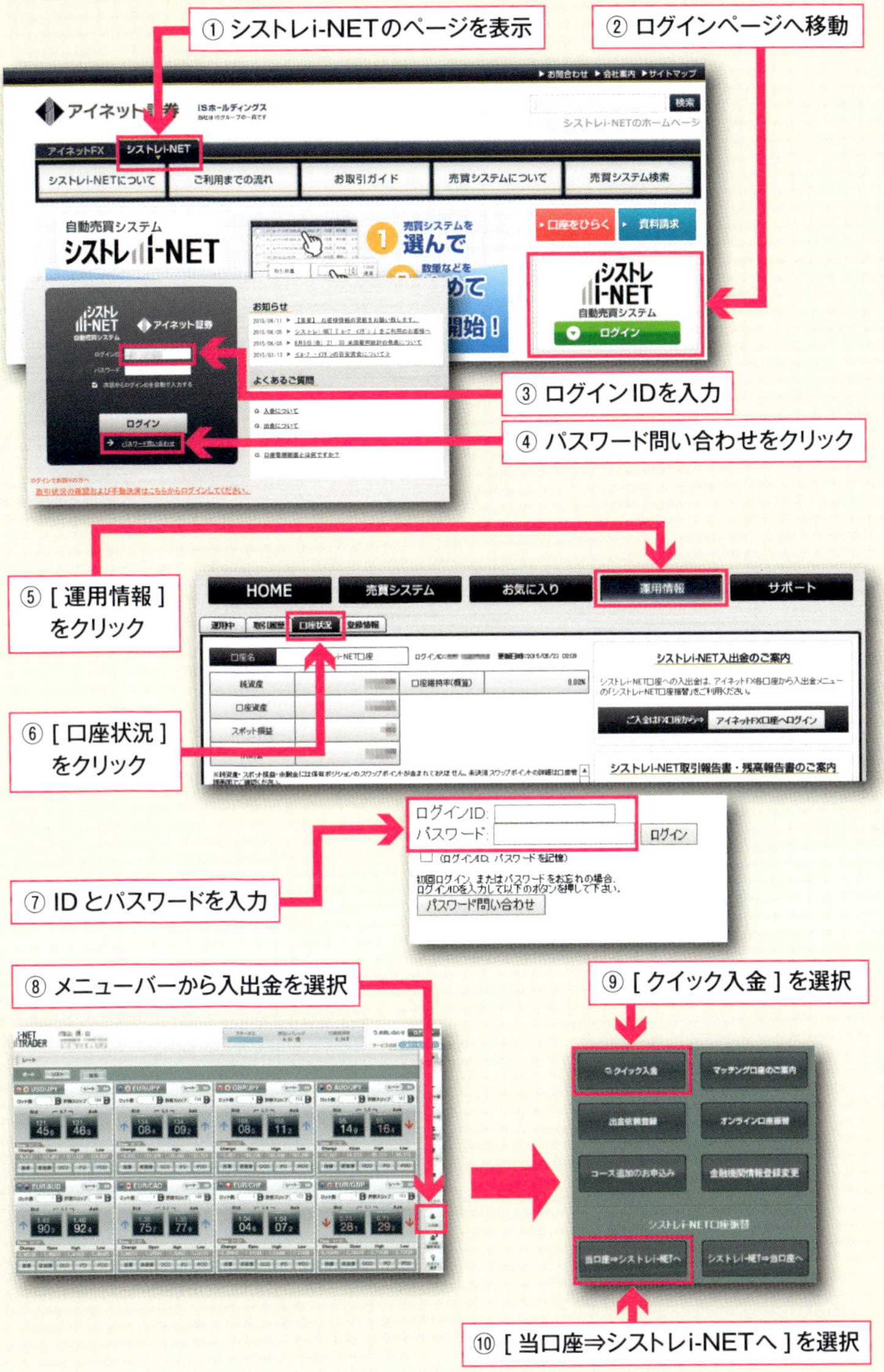

① シストレi-NETのページを表示
② ログインページへ移動
③ ログインIDを入力
④ パスワード問い合わせをクリック
⑤ [運用情報] をクリック
⑥ [口座状況] をクリック
⑦ IDとパスワードを入力
⑧ メニューバーから入出金を選択
⑨ [クイック入金] を選択
⑩ [当口座⇒シストレi-NETへ] を選択

特別収録

ループ・イフダンを設定しよう

ループ・イフダンの設定は簡単。ログインして売買システムを選び、いくつかの設定をするだけ。あとはほったらかしでもコツコツと利益を積み上げてくれる。

ループ・イフダンの設定は簡単です。口座開設の手続がすんだら、アイネットＦＸのトップ画面からメニュータブで「システトレｉ－ＮＥＴ」を選択します。次に画面右側の「ログイン」をクリックすると、ログインＩＤとパスワードの入力画面が表示されます。

初回にログインする際は、パスワードはありませんので、ログインＩＤを入力後に、「パスワード問い合わせ」をクリックします。登録したメールアドレスにパスワードが送付されますので、確認します。メールに送付されたパスワードを入力して「ログイン」をクリックします。これで取引画面にログインできます。

ランキング情報を有効に活用しよう

ログイン後の画面には、運用中のシステムの表示欄とランキング表示欄があります。初回のログインの際には、まだ運用システムはありませんので、運用中システムのところには表示がありません。

ランキング欄では、「利益」「利用者」の2つのランキングを確認することができます。トップ5まで表示されていますが、トップ10に切り替えも可能です。また、ランキング欄の右上のボックスで期間を変更することもできます。1週間、2週間、1カ月、3カ月、6カ月、1年、3年があります。

また、どのシステムを選んだらよいのか、判断に迷う場合には、ログイン後のループ・イフダンのホーム画面の右側から「売買システムの選び方」の資料をダウンロードして参考にすることもできます。

ループ・イフダンの設定

■シストレ i-NETにログインする

http://fx.inet-sec.com/systrd/

① [シストレ i-NET] を選択

② [ログイン] をクリック

③ ID、パスワードを入力

■シストレ i-NETのHOME画面

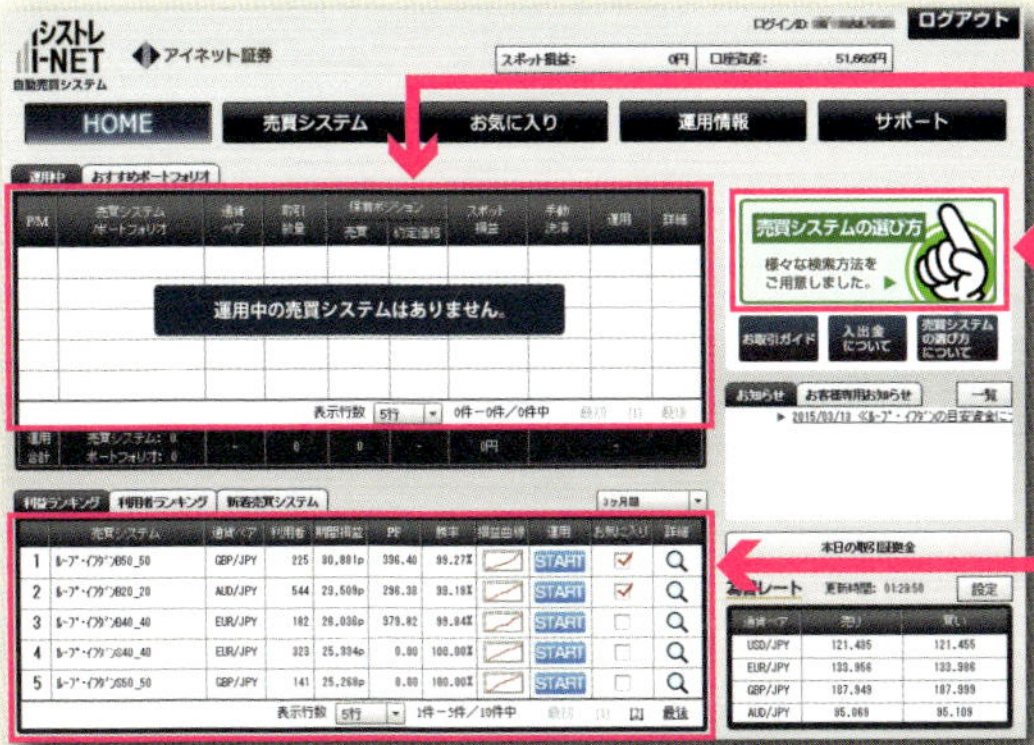

運用中のシステムを確認できる

システムの選び方を解説した画面が表示される

ランキングを確認できる

特別収録

ポジション数と重複設定に注意しよう

ループ・イフダンの設定で注意しなければいけないのは、最大ポジション数と重複注文の2つ。この設定をどうするかでスタート後のリスク管理が大きく変わってくる。

ここでは、売買システムの設定方法について紹介します。ランキング欄からシステムを選択する場合には、希望する売買システムの［START］をクリックします。希望の条件を選択して、売買システム検索をすることも可能です。その場合には、メニューバーの［売買システム］を選び、通貨ペア、時間枠、期間などを選択し、［検索］をクリックすると、条件にあったシステムが表示されます。希望する売買システムの［START］をクリックして条件を設定します。

重複注文をオンにするとポジション数が膨らむ

設定画面では3つの項目を設定します。まず、取引数量を入力します。1000通貨が基本なので1000通貨で取引する場合には、「1」を入力します。

最大ポジション数は設定しないことも可能ですが、とくに初心者の間はリスク管理のため、設定することをお勧めします。たとえばｋｕｋａｋｕさんの場合は「50」に設定しています。最大ポジション数は証拠金の額によっても調整する必要があります。ｋｕｋａｋｕさんの場合は値動きによっては証拠金を100万円まで増やすそうです。

ポジション数はループ・イフダンが機能する値幅に関わっています。ｋｕｋａｋｕさんの場合、ドル／円買25のシステムを利用していますので、ポジション数50の場合、単純計算で12・5円の価格変動まではしっかりと機能します。

重複をオンにすると、ポジション数が想定以上に増えてしまうことがあるので、オフをお勧めします。

ループ・イフダン売買システムの設定

■売買システムを設定する

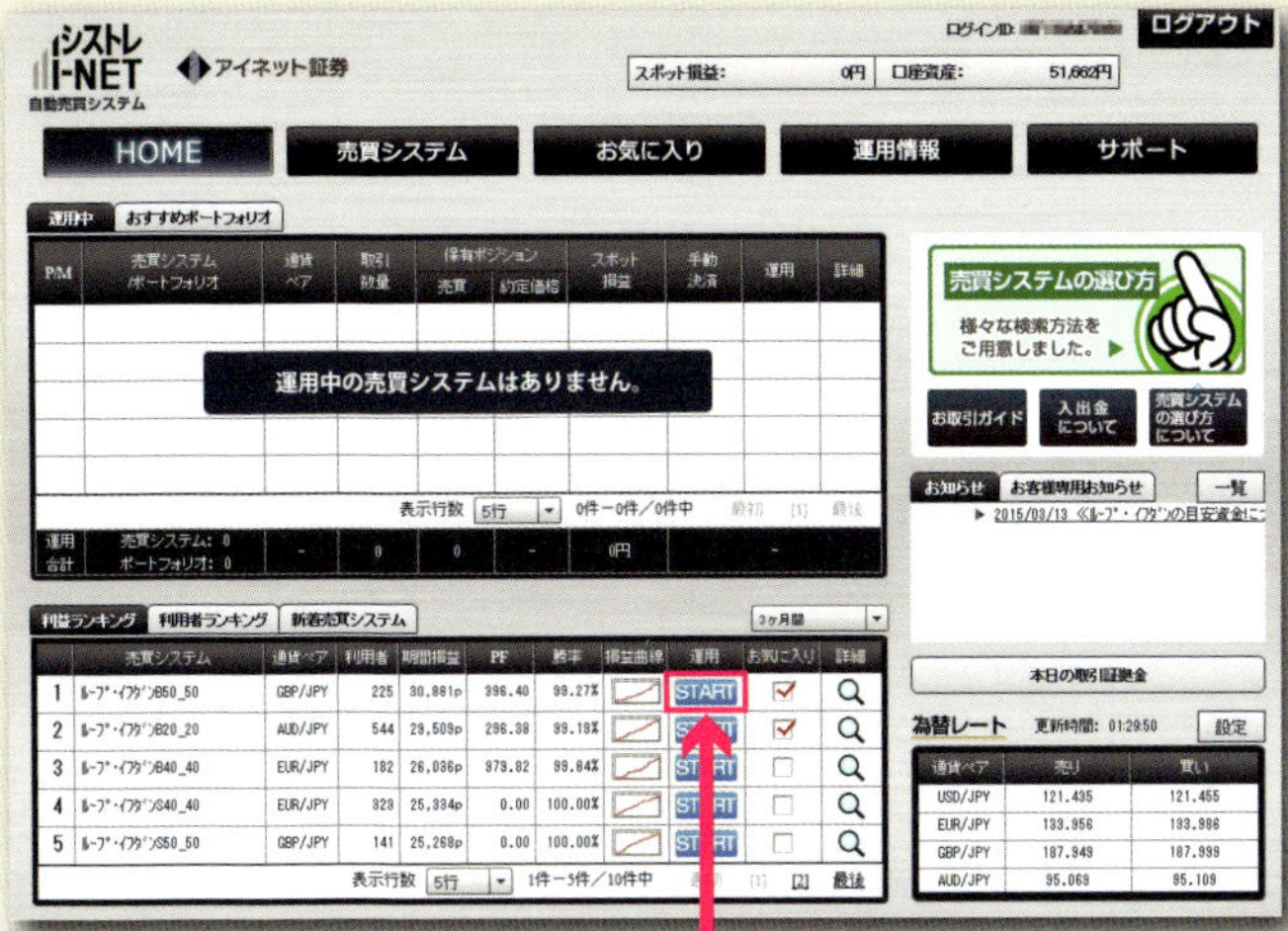

[START] をクリック

1000 通貨単位で設定

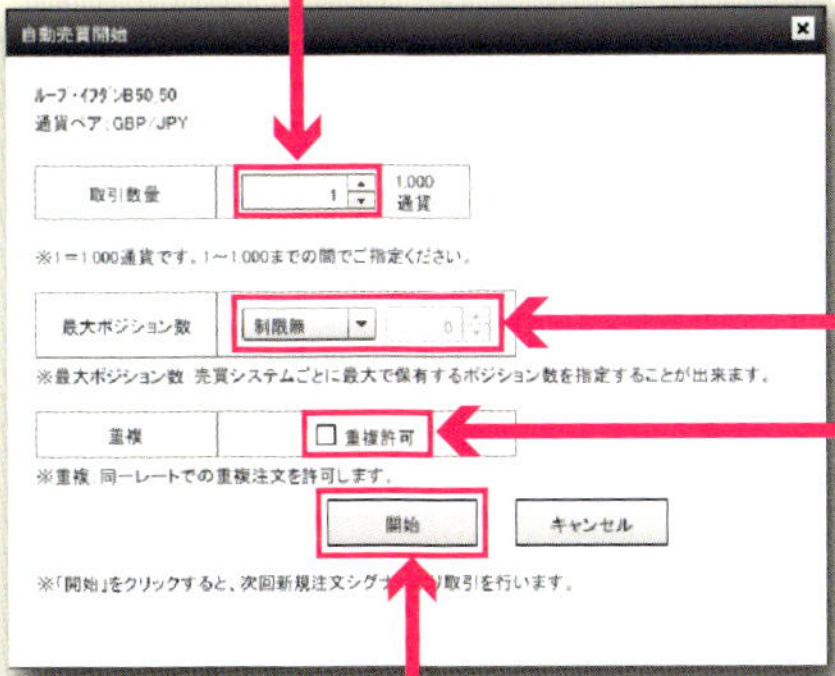

リスク管理のために
最大ポジション数を
設定する

リスク管理になれるまでは
重複は利用しないほうが無難

設定が終わったら [開始] をクリックする

特別収録

i-NET TRADERをダウンロードしよう

本書で紹介されたテクニカル分析にはi-NET TRADERが便利。ブロガーさんも使っているi-NET TRADERをダウンロードしよう。

ループ・イフダンの取引ツールには、チャートが搭載されていません。テクニカル分析を行なうには、別途、ダウンロード版のツール「i-NET TRADER」をインストールする必要があります。

口座開設が終了したら、アイネットFXのサイトのトップ画面からインストールを行ないます。

もしも「ダウンロードエラー」が表示される場合には、パソコンに「Adobe AIR」がインストールされていない可能性があります。その場合には、「Adobe AIR」を先にインストールします。手順は、「i-NET TRADER」のダウンロードサイトで紹介されています。

テクニカル指標をチャートに表示させる

インストールが完了すると、デスクトップにアイコンが作成されます。アイコンをダブルクリックすると、「i-NET TRADER」が起動します。

ログイン画面が表示されますので、口座開設の際に郵送されたIDを入力し、「パスワード問い合わせ」をクリックすると、登録したメールアドレスにパスワードが送付されます。それを確認し、パスワードを入力すると、「i-NET TRADER」が利用可能になります。

テクニカル分析を行なうには、メニューバーから「チャート」を選択します。チャートが表示されたら、チャート上で右クリックし、「テクニカルチャート」を選択します。テクニカル指標の一覧が表示されますので、利用するものを選択します。これでテクニカル分析が可能です。

テクニカル分析に必要なツールをダウンロードしよう

■アイネットFXのサイトにアクセス

■i - NET TRADERをダウンロード

ここをクリック
[ダウンロードエラーが
発生しました] と表示
される場合はここをチェック

■チャートを表示させてみよう

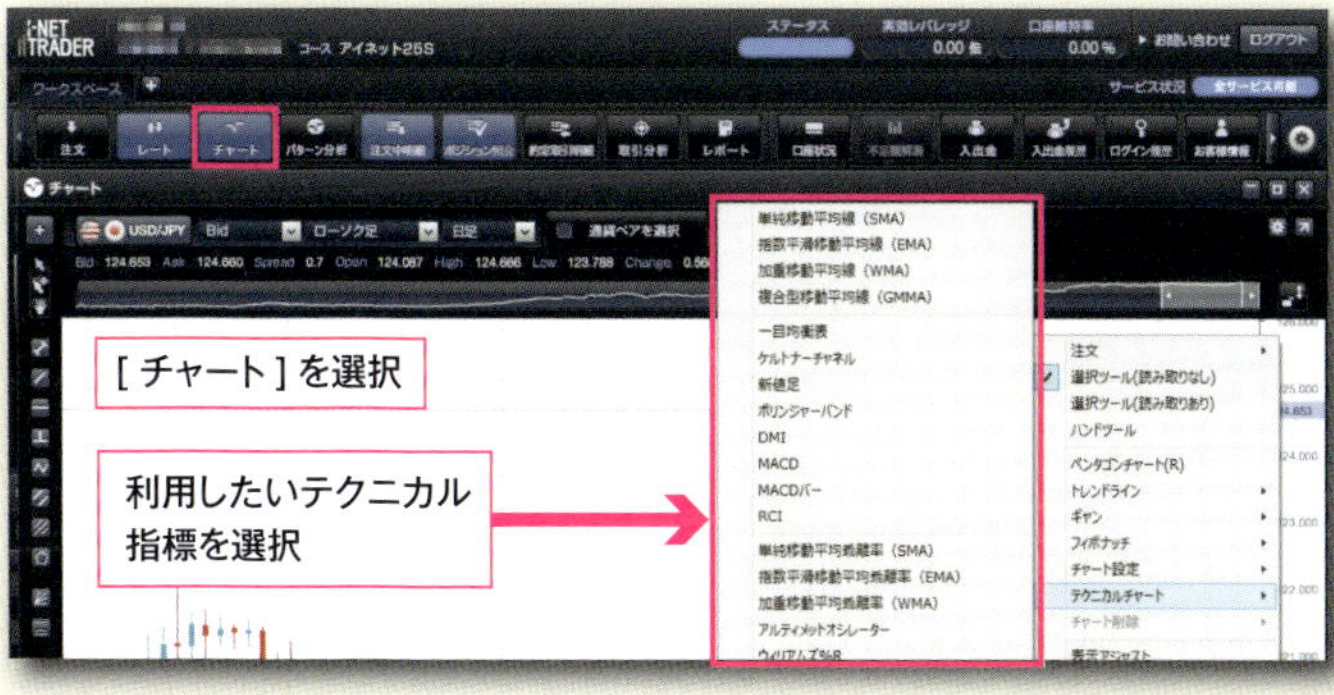

編集協力　向山　勇（ウイット）
カバー・本文レイアウト　長谷川清一
イラスト　刈屋幸代
チャート提供　株式会社アイネット証券

マンガでわかる　FXの新常識

ループ・イフダンでらくらく稼ぐ

2015年12月8日　初版第二刷発行

監修者　山中康司
編　著　七瀬玲・ネコピカ・kukaku
発行者　増田義和
発行所　実業之日本社
〒104-8233　東京都中央区京橋3－7－5　京橋スクエア
【編集部】TEL.03-3535-2393
【販売部】TEL.03-3535-4441
振替 00110-6-326
実業之日本社のホームページ　http://www.j-n.co.jp/
印刷　大日本印刷株式会社
製本　株式会社ブックアート

ISBN978－4－408－11145－2（学芸）